Recetas Para Entretener Al ESTILO PANAMEÑO

Una Colección de Recetas
por Sonia Ortiz

Recetas Para Entretener Al Estilo Panameño
Una Colección de Recetas por Sonia Ortiz

Derechos de Autor © 2022 Sonia Ortiz

Todos los derechos reservados. Ninguna parte de este libro puede reproducirse de ninguna forma ni por ningún medio electrónico o mecánico, incluidos los sistemas de almacenamiento y recuperación de información, sin el permiso por escrito del autor.

Recetas por Sonia Ortiz
Contribuciones de recetas y fotografía por James Peshek
Introducción, diseño, y producción por Enrique de la Espriella

Publicado por Enrique de la Espriella. Impreso en los Estados Unidos de America.
ISBN 9798986869209 para el libro portada dura en Inglés.
ISBN 9798986869216 para el libro portada suave en Inglés.
ISBN 9798986869223 para el libro portada dura en Español.

Primera impresión: 2022
Actualizado: Enero 2024

Recetas Para Entretener al
ESTILO PANAMEÑO

Una Colección de Recetas
por Sonia Ortiz

CONTENIDO

Introducción — 7
Cómo la cocina Panameña ha sido influenciada por muchas culturas

Alimentos Básicos Panameños — 8
Conozca los ingredientes de la cocina Panameña

Platos Favoritos de Panamá — 14
Amadas frituras, Ceviche, Tortillas, y Tamales; esta todo aquí

Bebidas — 36
De Chichita a Ron Ponche, estas recetas están listas para la fiesta

Salsas y Entreméses — 40
Salsas utilizadas para cocinar y para complementar muchos platos

Aperitivos y Ensaladas — 46
Perfectos para celebrar carnavales o para hacer cualquier día extra especial

Platos Adicionales — 52
Favoritos de la familia, papas gratinadas con queso Parmesano o arroz con coco

Platos Principales — 66
Tantas opciones de la tierra y el mar incluyen camarones al ajillo y más

Postres — 98
Desde pasteles hasta galletas y tartas, cubrimos su gusto por lo dulce

Puente de las Americas

Esclusas de Miraflores del Canal de Panamá

Catedral Basílica Metropolitana Santa María La Antigua

Playa La Garita, Pedasí

INTRODUCCIÓN

Por Enrique de la Espriella

Crecer en Panamá es una experiencia gastronómica única. Conocido como el "Cruce de Caminos del Mundo" por el Canal de Panamá, ha traído al país sabores ricos y únicos de todo el mundo. Recuerdo comer comida de Italia, China, América del Sur, el Caribe y, por supuesto, los sabores simples pero deliciosos de mi propio país. Me enamoré especialmente de los mariscos, ya que son tan abundantes en Panamá donde tenemos los océanos Atlántico y Pacífico justo en nuestro patio. Esta explosión de diversos sabores está perfectamente representada en esta colección de recetas. Es importante mencionar que de ninguna manera este libro pretende representar las reglas de la cocina Panameña, sino simplemente una recopilación de las amadas recetas de mi familia.

Comenzando con una introducción a algunos de los ingredientes más importantes de la cocina Panameña, seguimos con las recetas clásicas Panameñas. Aquí es donde encontrarás las frituras que tanto me gustan, la Yuca Frita, Hojaldres y Patacones. Todos los platos de esta sección son por muchos los más populares en Panamá, sin olvidar las recetas de Tortillas Panameñas y Tamales.

Luego, el libro marca la pauta para una reunión de familiares y amigos con algunas bebidas típicas favoritas, seguidas de salsas y acompañamientos importantes que realzaran muchos de los platos de este libro de cocina. Los aspectos más destacados de estos incluyen el delicioso sabor a nuez del aceite de achiote que se usa en el arroz y otras recetas para agregar un color rico y capas únicas de sabor; o el color verde brillante de la Salsa Chimichurri que combina perfectamente con filetes y frituras.

Los aperitivos, ensaladas, y platos principales incluyen una gama amplia de opciones que se pueden preparar para soluciones de comidas diarias o celebraciones extravagantes. Uno de mis favoritos de la infancia es el Gratinado de Papas con Queso Parmesano y la Pasta con Pesto de Albahaca. No hay nada mejor como tomar hojas de tu propia planta de albahaca cultivada en casa y preparar una salsa pesto. Cualquiera de estas recetas alegraría el día de cualquiera. Sin duda, mi favorito en la sección de platos principales es el Arroz con Coco y Pasas, una delicia decadente para aquellos que buscan un acompañamiento más dulce para la carne de cerdo, res, o pescado. Pero, por supuesto, todos los mariscos de este libro están fuera de este mundo, especialmente los camarones al ajillo o las Almejas al vapor en salsa de ajo.

Para la sección de postres, notará la ausencia de chocolate en las recetas. Los Panameños prefieren los postres elaborados con frutas y azúcares. Si bien disfruto la mayoría de las recetas en esta sección, los Merengues y Cocadas Panameñas son mis favoritos porque me recuerdan los días de mi infancia cuando parábamos en Queso Chela camino a la playa para comprar pan caliente y golosinas para el paseo.

Mi familia y yo volvemos a estas recetas probadas y confiables una y otra vez. Espero que disfrute las recetas de este libro tanto como nuestra familia ha disfrutado al prepararlas.

ALIMENTOS BÁSICOS PANAMEÑOS

Con su estilo de vida cosmopolita, las ciudades del "interior", el clima cálido, las playas de arena suave y el icónico Canal de Panamá, el país atrae a visitantes de todo el mundo. La población residente es igualmente diversa. Como resultado, los alimentos que se encuentran comúnmente en todo el país representan esta cultura variada y dinámica. Si bien la cocina tradicional de Panamá es única y muy querida, se sabe que los Panameños adoptan una variedad de cocinas internacionales, incluyendo España, China, Japón, India, Italia, y las Américas, entre otras. A continuación se presentan algunos ingredientes ampliamente utilizados tanto en la cocina tradicional Panameña como en otros tipos de cocinas que se sirven en el país.

Aceitunas
Las aceitunas verdes son deliciosas si se sirven solas, pero también dan un toque salobre y salado a los arroces y rellenos de empanadas o tamales.

Achiote
La semilla de achiote de color rojo ladrillo se cosecha del árbol de achiote y se usa a menudo para impartir un color amarillo o naranja a los alimentos junto con un sabor distintivo. Se calientan suavemente en aceite para extraer su color vibrante y luego se escurren con el aceite que se usa para cocinar.

Aji Chombo
Con un color que va del amarillo al naranja y al rojo, el ají chombo agrega toneladas de calor ardiente y un ligero sabor afrutado. Se puede usar Scotch bonnet o chile Habanero como sustituto.

Aguacate
Conocidos por su calidad mantecosa, rico sabor, y textura, los aguacates son un acompañamiento muy apreciado que se sirve solo o como componente de ensaladas y emparedados. Cargado de fibra, grasas buenas, potasio, y otros nutrientes, el aguacate es engañosamente una elección saludable.

Alcaparras
El botón floral comestible de el árbol de alcaparra, las alcaparras generalmente se encuentran en salmuera o saladas. Deliciosas servidas con pescado o pollo, las alcaparras también agregan una explosión de sabor salado avinagrado a las salsas para pasta, ensaladas, y rellenos.

Arroz
Una comida tradicional Panameña no esta completo sin el arroz. Utilizado en entremeses, platos principales, o incluso postres, el arroz es un ingrediente esencial y extremadamente versátil.

Ciruelas Pasas
Conocidas por su sabor intensamente dulce, las ciruelas pasas son un excelente complemento para las carnes guisadas ya que agregan profundidad y dulzura.

Coco
De golosinas dulces de coco hasta arroz hecho con leche de coco, encontrará coco agregado a una variedad de alimentos y bebidas. No se pierda la oportunidad de probar un coco fresco y helado que se vende en las carreteras o en la playa servido con un sorbete para beber la refrescante y deliciosa agua de coco.

Culantro
De sabor similar al cilantro, el culantro tiene un sabor y un aroma más intenso que se presta bien para su uso durante el proceso de cocción. El culantro tiene hojas largas dentadas y espinosas que se pueden picar y agregar a un sofrito, una olla de frijoles, o usar en una salsa chimichurri.

Dulce de Leche
Preparado calentando lentamente leche condensada azucarada, la leche y el azúcar se caramelizan en una pasta espesa y dulce. La mayoría de los supermercados proveen una versión preparada mucho más conveniente y sabrosa, que generalmente se encuentra cerca de la leche condensada azucarada.

Especias de Hierbas Variadas
Los diversos sabores de la cocina Panameña se realzan con una extensa variedad de hierbas y especias. Las especias dulces de canela, clavo, y anís estrellado a menudo se complementan con hierbas y especias saladas, como el cilantro, el comino, y las hojas de laurel.

Galletas María
Las galletas María son galletas redondas, poco dulces, similares en sabor a una galleta Graham. Las galletas María son omnipresentes en América Latina y se usan en innumerables recetas de postres o, a menudo, para picar.

Guandú (o Gandúles)
Legumbre, casi siempre cocida con arroz, el guandú tiene un sabor suave y un aroma agradable. El alto contenido proteico lo hace una excelente adición a una dieta Panameña saludable.

Leche Evaporada
Con más de la mitad del agua eliminada, la leche evaporada agrega una cremosidad intensa a los flanes, el ponche de huevo, y las papas gratinadas. Con o sin la adición de agua, se puede sustituir a la leche regular en la mayoría de las recetas, o también se puede utilizar como una deliciosa crema para el café o el té de la mañana.

Maiz Seco
Después de ser remojado, cocido, y molido, el maíz es la fuente de muchos alimentos tradicionales, como tortillas, empanadas, y tamales.

Mango
Los árboles de mango se encuentran en todo el país y, por lo tanto, el mango es omnipresente en la dieta Panameña. Los mangos maduros tienen una dulzura almibarada con una carne firme pero tierna. Un mango verde también se puede convertir en un pepinillo rápido o usarse en ensaladas. Los mangos, que se venden con frecuencia en bolsas al borde de la carretera, son una golosina económica y refrescante.

Ñame
El ñame típicamente tiene una piel áspera de color marrón oscuro con una pulpa de color crema o amarillenta y una textura similar a una papa. Su sabor es suave, como a la nuez con una textura ligeramente masticable. El ñame se usa a menudo en sopas Panameñas y guisos.

Otoe
El otoe es un tubérculo, también conocido como raíz de taro. Es de piel marrón con una pulpa blanca o rosada que, cuando se cocina, es similar a una papa, lo que la convierte en la elección perfecta para una sopa o un guiso.

Pasas
Por lo general, se las considera una adición a los dulces y panes, las pasas brindan una dulzura sutilmente sorprendente cuando se agregan a platos salados también.

Platano Maduro
Es un platano verde que ha madurado con a una dulzura sutil que se acentúa cuando se fríen, saltean, o se hornean.

Platano Verde
No debe confundirse con el banano, el plátano verde tiene almidón y es duro, y no debe comerse crudo. Cortado en trozos, frito y luego aplastado, para hacer patacones (o tostones como se les suele llamar en otros países) es el uso más frecuente.

Queso Fresco
Con su sabor salado y suave, el queso fresco se puede rebanar y servir con tortillas Panameñas o desmenuzado en ensaladas, verduras, o guisos.

Salsa Picante
La mesa no estaría completa sin una botella de salsa picante de Panamá, D'Elidas. A menudo añadida a guisos, sopas, y tamales, unas gotas de esta salsa picante animarán cualquier plato.

Yuca
Una raíz tubular con almidón, que tiene cualidades similares a las de la papa, pero es más densa y fibrosa. La yuca se puede encontrar fresca con su piel oscura y dura aún intacta, o más convenientemente congelada y lista para ser cocinada en guisos, puré, al vapor, o frita.

Especias

PLATOS FAVORITOS PANAMEÑOS

CARIMAÑOLAS

1 libra de yuca congelada

3 dientes de ajo

1 cucharada de sal

2 cucharadas de pasta de tomate

½ cebolla mediana

1 cucharadita de sal

½ pimiento verde

½ cucharadita de pimienta negra

2 cucharadas de pimientos picados

½ libra de carne molida sin mucha grasa

3 cucharadas de culantro picado

2 cucharadas de aceite de achiote o aceite de oliva

Coloque la yuca en una olla grande, agregue sal y cubra con agua. Hervir durante 30 a 40 minutos, hasta que estén tiernos al pincharlos con la punta de un cuchillo. Escurrir, reservando 1 taza de líquido de cocción. Coloque la yuca caliente en un tazón grande para mezclar. Corte los trozos grandes de yuca por la mitad y remueva los trozos duros y fibrosos del centro de la yuca. Triture con un machacador de papas hasta que quede suave. Amasar ligeramente la masa hasta que se forme una bola, usando maicena según sea necesario para evitar que se pegue. Cubra y deje enfriar.

Agregue cebolla, pimiento verde, pimientos picados, culantro, ajo, pasta de tomate, sal, y pimienta negra al tazón de un procesador de alimentos fijado con una cuchilla de acero. Pulse varias veces hasta que esté finamente picado y casi suave.

Caliente el aceite de achiote en una sartén grande a fuego medio-alto. Agregue la carne molida, sazone con sal y pimienta negra y cocine hasta que se dore, separando los trozos grandes. Agregue la mezcla de verduras preparada y saltee durante 4 a 5 minutos hasta que las verduras se hayan ablandado y el líquido se haya evaporado de la sartén. Ponga a un lado para que se enfríe por completo.

Con las manos ligeramente engrasadas, forme ⅓ taza de masa de yuca en discos de 4 a 5 pulgadas y de aproximadamente ¼ de pulgada de grueso. Agregue aproximadamente dos cucharadas de mezcla de carne al centro del círculo de masa. Con los dedos, junte los lados de la masa y déle forma a la carimañola para que forme un cilindro grueso de aproximadamente 3 pulgadas de largo, asegurándose de que todos los bordes estén sellados. Use maicena adicional según sea necesario para evitar que se pegue. Repita con la masa restante y la carne.

Caliente 1 pulgada de aceite a 350° F en una sartén grande a fuego medio. Agregue con cuidado de 3 a 4 carimañolas al aceite y cocine durante 4 a 5 minutos por cada lado hasta que estén ligeramente dorados. Escurrir sobre un papel toalla y mantener caliente mientras se fríen las carimañolas restantes.

YUCA FRITA

2 libras de yuca congelada

1 cucharada de sal

Aceite para freír

Coloque la yuca en una olla, cubra con agua y agregue sal. Llevar a ebullición a fuego alto y cocinar hasta que estén tiernas, alrededor de 20 a 30 minutos. Escurrir bien. Cortar en trozos de 1 pulgada de grueso, quitando el centro fibroso de cada pieza.

Usando una freidora o sartén de lados altos, caliente el aceite a 375° F. Fría en tandas hasta que estén doradas. Escurrir en un plato con papel toalla y sazonar con sal.

Sirva con Chimichurri u otra salsa de acompañamiento. Encuentre una receta para la salsa Chimichurri en la página 44.

HOJALDRES

2 tazas de harina para todo uso

1 cucharadita de sal

2 cucharaditas de polvo de hornear

2 cucharaditas de azúcar granulada

1 cucharada de aceite vegetal

¾ taza de agua

Aceite para freír

Agregue harina, sal, polvo de hornear, y azúcar a un tazón grande para mezclar. Batir para combinar. Agregue aceite y ¾ de taza de agua. Mezclar con las manos hasta que la harina se humedezca. Vierta la mezcla sobre una tabla y amase durante varios minutos hasta que la mezcla forme una masa suave. Regrese la masa al tazón para mezclar, cepille ligeramente la parte superior con aceite y cubra con una toalla o una envoltura de plástico. Permita que la masa descanse durante 30 minutos.

Cortar la masa en diez piezas iguales. Usando sus manos o un rodillo, estire cada pieza de masa en un óvalo de 5 x 4 pulgadas de aproximadamente ¼ de pulgada de grueso. Haga un pequeño agujero en el centro de cada pieza. Mantenga la masa cubierta mientras extiende las bolas de masa restantes.

En una sartén grande y profunda, caliente 1 pulgada de aceite a 350° F a fuego medio. Agregue con cuidado de 2 a 3 piezas de masa al aceite caliente y fría hasta que estén ligeramente doradas por cada lado. Escurrir en un plato cubierto con papel toalla. Servir tibio.

PATACONES

4 plátanos verdes grandes

Sal al gusto

Aceite para freír

Corte los extremos de cada plátano. Haga un corte en la piel a lo largo del plátano. Retire la cáscara deslizando gradualmente con los dedos entre la cáscara y el plátano. Una vez pelado, córtelo transversalmente en trozos de 1 ½ pulgada.

Caliente el aceite en una freidora o sartén grande y pesada de paredes altas a 375° F. Trabajando en tandas, agregue cuidadosamente los plátanos al aceite y fríalos hasta que estén dorados y tiernos, aproximadamente 5 minutos. Retirar del aceite a un plato con toallas de papel y freír los plátanos restantes.

Coloque un plátano frito en una tabla entre dos piezas de plástico. Una bolsa zip-lock funciona bien. Presione hacia abajo con firmeza para aplastar y formar el patacón en una ronda de 2 a 3 pulgadas usando un vaso o la palma de su mano. Repita el proceso con los plátanos restantes.

Regrese las rebanadas de plátano al aceite caliente y fría por 3 a 4 minutos adicionales o hasta que estén doradas y crujientes. Espolvorear con sal y servir caliente.

CEVICHE DE PESCADO

1 libra de pescado blanco deshuesado y sin piel, preferiblemente corvina o pargo

1 cebolla mediana, finamente picada

½ taza de apio finamente picado

¼ taza de culantro o cilantro picado

½ cucharadita de sal

1 pimiento Habanero o Scotch bonnet, sin semillas y cortado en rodajas finas

1 taza de jugo de limón fresco

Corte el pescado en trozos pequeños del tamaño de un bocado y colóquelo en un recipiente de vidrio. Agregue cebolla, apio, sal, chile, y culantro y revuelva para combinar. Vierta el jugo de lima por encima y mezcle con cuidado. Cubra y deje marinar durante al menos 4 horas, o hasta que el pescado se vuelva opaco.

PLATANOS EN TENTACIÓN

3 plátanos bien maduros

½ taza de soda (Coca Cola o Pepsi Cola)

2 cucharadas de azúcar moreno

½ cucharadita de canela molida

3 cucharadas de mantequilla, en pedazos

4 – 5 clavitos de olor

Precaliente el horno a 350° F. Engrase un plato de hornear pequeño con mantequilla.

Pele los plátanos y córtelos transversalmente en trozos de 2 pulgadas. Vierta la soda en la sartén. Unte cada plátano con 1 o 2 piezas de mantequilla. Espolvorear con azúcar, canela y clavitos de olor. Hornee durante 30 a 40 minutos hasta que los plátanos estén suaves y dorados.

TORTILLAS PANAMEÑAS

14 onzas de maíz amarillo seco

2 cucharadas más 1 cucharadita de sal

Aceite para freír

Coloque el maíz en un colador y enjuague varias veces con agua corriente fría, eliminando cualquier residuo o piedra. Coloque el maíz en un tazón grande, cubra y deje en remojo durante la noche.

Escurra el maíz empapado y enjuague nuevamente. Agregue a una olla grande con 2 cucharadas de sal y agregue agua para cubrir de 3 a 4 pulgadas. Llevar a ebullición a fuego medio alto, reducir a fuego lento y cocinar durante 1 hora o hasta que el maíz se ablande, revolviendo ocasionalmente. Agregue más agua según sea necesario para asegurarse de que el maíz permanezca cubierto. Para probar el punto de cocción, coloque algunos granos de maíz en un plato y macháquelos con un tenedor. El maíz que se tritura fácilmente está listo. Escurra el maíz, reservando 1 taza de líquido de cocción.

Mientras el maíz aún está caliente, agregue la mitad al tazón de un procesador de alimentos fijado con una hoja de acero. Agregue ½ cucharadita de sal. Procese la mezcla hasta que forme una masa mayormente suave, deteniéndose ocasionalmente para raspar el tazón y verificar la consistencia. La mezcla será bastante pegajosa y espesa. Vierta la masa en una superficie limpia. Repita el proceso con la masa restante y ½ cucharadita de sal.

Engrase ligeramente sus manos con una pequeña cantidad de aceite de cocina para evitar que se pegue. Comience a amasar la masa preparada, agregando 1 a 2 cucharadas de líquido de cocción para ayudar a unir la masa, si es necesario. Continúe amasando hasta que se forme una bola suave de masa. Golpee la masa en un círculo grande, de aproximadamente ⅓ a ½ pulgada de grueso. Usando un cortador de galletas de 3 pulgadas, corte círculos de masa. Levante con cuidado los círculos de masa, alisando los bordes ásperos con las manos. Vuelva a enrollar la masa restante y repita el proceso hasta que se haya utilizado toda la masa.

Caliente 2 pulgadas de aceite a 350° F en una sartén grande y profunda a fuego medio alto. Agregue con cuidado unas cuantas tortillas a la sartén y cocine por ambos lados hasta que el color amarillo de las tortillas se intensifique y comience a dorarse ligeramente. Escurra sobre papel toalla y sazone con sal adicional, si lo desea. Repita con los círculos de masa restantes.

¡Use una Paila para una experiencia tradicional!

ARROZ CON GUANDÚ

1 libra de guandú fresco

2 cucharadas de aceite de oliva extra virgen

2 cucharaditas de sal

4 tazas de arroz blanco, enjuagado y escurrido

Coloque el guandú en una cacerola mediana. Cubrir con agua fría. Agregue aceite de oliva y sal. Llevar a ebullición, reducir a fuego lento y cocinar durante 15 a 20 minutos.

Agregue arroz a la olla, agregue más agua hasta cubrir, revuelva bien y deje hervir. Una vez más, reduzca el fuego a bajo y cocine por 15 minutos adicionales hasta que el líquido se haya evaporado y el arroz este tierno.

CONSEJO: Como alternativa sabrosa, reemplace una taza de agua con leche de coco enlatada cuando prepare el arroz.

El color del arroz cambiará dependiendo de la intensidad del color de los guandúes. Panamá tiene un guandú muy sabroso que colorea el arroz con un tono púrpura.

ENSALADA DE FERIA

2 libras de papas rojas o Yukon Gold

2 zanahorias, peladas y cortadas en 2 a 3 piezas

3–4 remolachas frescas cocidas picadas en trozos de ½ pulgada (también se pueden usar remolachas cocidas enlatadas)

3 huevos duros grandes, picados en trozos grandes

1 cebolla amarilla pequeña, pelada y picada

2 tallos de apio, picados

1 taza de mayonesa

1 cucharada de mostaza amarilla

1 cucharada de vinagre blanco

½ cucharadita de sal

¼ de cucharadita de pimienta negra molida

Coloque las papas en una olla grande y cubra con agua por 1 pulgada. Lleve el agua a ebullición y cocine hasta que las papas estén tiernas, aproximadamente de 18 a 20 minutos, y agregue las zanahorias aproximadamente a la mitad del tiempo de cocción. Escurra las papas y zanahorias y déjelas enfriar un poco. Pele las papas y córtelas en cubitos de 1 pulgada. Corte las zanahorias por la mitad a lo largo y luego córtelas en trozos de ½ pulgada.

Combine las papas y zanahorias en un tazón grande con huevos, cebolla, apio, y remolacha. Agregue mayonesa, mostaza, vinagre, sal, y pimienta. Revuelva bien para combinar. Sazone con sal y pimienta adicionales o agregue más mayonesa según sea necesario.

Refrigere de 3 a 4 horas o hasta que esté bien fría. Adorne con huevos rebanados o perejil picado.

SANCOCHO PANAMEÑO

1 3–3 ½ libras de pollo entero, cortado en piezas

3 dientes de ajo, picados

1 cucharadita de orégano seco

1 cucharada de culantro picado

2 cucharaditas de sal

1 cebolla grande, picada

1 libra de ñame blanco, pelado y cortado en cubos

1 libra de yuca, pelada y cortada en cubos

1 libra de otoe, pelado y cortado en cubos

1 libra de calabaza, pelada, sin semillas y cortada en cubos

3 mazorcas de maíz fresco, descascarados y cortados en trozos de 2 pulgadas

Coloque el pollo en una olla grande y agregue ajo, orégano, culantro, cebolla, y sal. Cubra con 4 a 6 tazas de agua. Lleve a ebullición, reduzca el fuego a bajo y cocine a fuego lento durante 1 hora. Quite de vez en cuando las impurezas que suban a la superficie.

Retire el pollo del caldo y deje que se enfríe un poco. Agregue ñame blanco, yuca, y otoe a la olla y cocine a fuego lento durante 10 minutos.

Agregue calabaza y maíz al caldo y cocine a fuego lento durante 15 a 20 minutos adicionales o hasta que todas las verduras estén tiernas. Mientras se cocinan las verduras, deshuese el pollo, corte la carne en trozos pequeños y regreselas al caldo hirviendo. Sazone con sal y pimienta adicionales según sea necesario.

ARROZ CON POLLO TRADICIONAL

3 ½ – 4 libras de pollo, cortado en 8 a 10 piezas

2 cucharadas de aceite de oliva extra virgen

3 tazas de arroz blanco de grano largo, enjuagado y escurrido

5 tazas de caldo de pollo

1 cebolla grande, picada

2 pimientos verdes, cortados en cubitos

2 dientes de ajo, picados

8 onzas de salsa de tomate en lata

2 cucharadas de culantro picado

8 onzas de aceitunas verdes rellenas de pimiento, escurridas

2 cucharadas de alcaparras, escurridas

1 cucharadita de sal

½ cucharadita de pimienta

1 taza de guisantes y zanahorias congelados, descongelados

1 bote pequeño de pimientos picados

1 hoja de plátano (opcional)

Lave el pollo con agua y séquelo. Sazone el pollo con sal y pimienta negra.

Caliente el aceite de oliva en una sartén grande a fuego medio-alto. Agregue el pollo a la sartén y dore por todos lados. Retire de la sartén y reserve.

En la misma sartén, saltee cebolla, pimientos, y ajo hasta que se ablanden. Reduzca el fuego a bajo, agregue salsa de tomate, culantro, aceitunas, alcaparras, sal, pimienta, caldo de pollo, y arroz. Agregue el pollo nuevamente a la sartén, cubra con una hoja de plátano (opcional) y cocine durante 15 a 20 minutos hasta que el arroz esté tierno y el pollo esté bien cocido.

Retire del fuego, agregue guisantes y zanahorias; cubrir para calentar. Si lo desea, retire el pollo de la sartén y córtelo en trozos, desechando la piel y los huesos. Vuelva a agregar a la sartén y revuelva para combinar. Adorne con pimientos cortados en cubitos y sirva.

EMPANADAS DE CARNE

1 receta de masa Panameña para tortillas preparada (página 22)

1 cucharada de aceite de oliva o aceite de achiote

½ taza de cebolla picada

½ taza de pimiento verde picado

2 dientes de ajo, picados

½ libra de carne molida baja en grasa

1 cucharada de pasta de tomate

1 cucharada de culantro o cilantro picado

½ taza de aceitunas verdes, cortadas por la mitad

1 cucharada de alcaparras

¼ taza de pasas oscuras (opcional)

Sal y pimienta para probar

Aceite para freír

Caliente el aceite de oliva en una sartén grande a fuego medio. Agregue cebolla, pimiento verde, y ajo. Sazone con sal y pimienta y saltee hasta que estén tiernos, unos 5 minutos. Agregue la carne molida, sazone con sal y pimienta y cocine hasta que se dore, rompiendo los trozos grandes de la carne. Agregue pasta de tomate, culantro, aceitunas, alcaparras, y pasas, luego cocine durante 2 a 3 minutos hasta que se incorporen. Ponga a un lado para que se enfríe por completo.

Enrolle trozos de masa en bolas de masa de 2 pulgadas. Con unas tijeras, corte los lados de una bolsa de plastico del tamaño de un galón, dejando intacta la parte inferior de la bolsa. Abra la bolsa y engrase ligeramente el interior de la bolsa. Coloque la bola de masa en el centro de la mitad de la bolsa, cubra la otra mitad de la bolsa. Usando un plato u otra superficie plana grande, presione la bola de masa hacia abajo hasta que forme un disco grande, de aproximadamente 6 pulgadas de diámetro y un poco menos de ¼ de pulgada de grueso.

Agregue dos cucharadas de mezcla de carne enfriada al centro de la masa redonda. Usando la bolsa de plástico, doble la masa sobre sí misma, formando una empanada en forma de media luna. Selle firmemente los bordes. Ponga a un lado y repita con las bolas de masa restantes y la carne.

Caliente 1 pulgada de aceite a 350° F en una sartén grande a fuego medio. Agregue con cuidado de 3 a 4 empanadas al aceite y cocine de 4 a 5 minutos por cada lado hasta que el color se intensifique a un color amarillo intenso y ligeramente dorado. Escurra sobre papel toalla y manténgalas caliente mientras se fríen las empanadas restantes.

SOUS

10 libras de patas de cerdo cortadas por la mitad y bien limpias

1 cucharada de sal

2 tazas de jugo de lima recién exprimido

5 pimientos rojos Habaneros o Scotch bonnet, sin semillas y cortados en rodajas muy finas

2 cebollas blancas grandes, cortadas por la mitad y en rodajas finas

4 pepinos, pelados y en rodajas finas

Coloque las patas de cerdo en una olla grande y cúbralas con agua. Lleve a ebullición a fuego alto, reduzca el fuego y cocine a fuego lento durante 30 minutos. Escurrir, devolver las patas de cerdo a la olla y cubrir con agua fría. Lleve a ebullición, reduzca el fuego y cocine a fuego lento durante otros 30 minutos. Repita nuevamente, agregando agua fresca y una cucharada de sal. Lleve a ebullición, reduzca a fuego lento y cocine durante otros 20 a 30 minutos, o hasta que estén tiernos y un cuchillo se inserte fácilmente a través de la piel. Escurra, reservando 1 ½ tazas del líquido de cocción. Ponga las patas de cerdo a un lado para que se enfríen.

Agregue las patas de cerdo a un tazón grande con cebollas, pepinos, y pimientos. Vierta el líquido de cocción enfriado y el jugo de lima por encima y revuelva bien para combinar. Cubrir y marinar en el refrigerador por un mínimo de 5 horas. Servir frío en tazones individuales.

TAMALES PANAMEÑOS

2 libras de maíz partido seco

1 cucharada de salsa picante

3 libras de hombro de puerco deshuesado, cortar en 5-6 piezas

2 hojas de laurel

2 cebollas grandes, en cuartos

1 cucharadita de tomillo seco

2 pimientos verdes, cortados en trozos grandes

1 taza de pasas oscuras

4 dientes de ajo, picados

1 taza de ciruelas pasas sin semillas, cortadas por la mitad

5–6 hojas de culantro

2 tazas de aceitunas rellenas de pimiento, escurridas

2 cucharadas de pasta de tomate

1 taza de alcaparras, escurridas

14 onzas de lata de tomates enteros, triturados

1 taza de guisantes congelados

¼ taza de aceite de achiote preparado

12 onzas de pimientos rojos asados en rodajas

2 tazas de caldo de pollo

3 paquetes de hojas de plátano congeladas

2 cubitos de caldo de pollo, si lo desea

½ taza de aceite vegetal

Sal y pimienta

30 hilos de algodón de 24 pulgadas

Coloque el maíz seco en un recipiente grande y cubra con agua a temperatura ambiente. Remoje el maíz seco durante 8 a 12 horas.

Preparar el sofrito colocando cebolla, pimiento verde, culantro, ajo, y pasta de tomate en un procesador de alimentos o licuadora y mezcle hasta que esté suave.

Enjuague y seque el puerco y sazone abundantemente con sal y pimienta. Caliente dos cucharadas de aceite de achiote en una olla grande a fuego medio. Dorar la carne por todos lados. Retire el cerdo de la olla a un plato. Agregue la mezcla de sofrito a la olla y cocine durante 4 a 5 minutos hasta que se ablande y se reduzca ligeramente. Regrese la carne a la olla junto con los tomates triturados, tomillo, hojas de laurel, caldo de pollo, cubitos de caldo, y salsa picante. Agregue más caldo de pollo o agua, si es necesario, para cubrir. Llevar a fuego lento, reducir el fuego a bajo y cocinar durante 60 a 90 minutos hasta que el cerdo esté tierno y bien cocido.

Retire el cerdo de la olla y deje que se enfríe un poco. Despedazar en trozos del tamaño de un bocado. Cuele el líquido de cocción para eliminar la hoja de laurel y cualquier otro trozo grande. Agregue 1 taza de caldo a la carne desmenuzada y deje el caldo restante a un lado para que se enfríe, quitando la grasa a medida que suba a la superficie.

Escurra el maíz empapado, colóquelo en una olla grande y cubra con 3 a 4 pulgadas de agua fresca. Llevar a ebullición, reducir el fuego a bajo y cocinar, revolviendo ocasionalmente, hasta que estén tiernos, aproximadamente 45 minutos.

El maíz está listo cuando se tritura fácilmente con un tenedor. Escurrir el maíz y reservar.

Mientras aún está tibio, procese el maíz por una picadora de carne o un procesador de alimentos hasta que se forme una masa suave. Puede ser necesario procesar el maíz dos veces para obtener una masa suave. En el tazón de una batidora grande, agregue la masa junto con 1 taza del líquido de cocción del cerdo. Bata con un batidor plano a velocidad media hasta que esté bien mezclado y suave. Continúe agregando más líquido de cocción según sea necesario para alcanzar la consistencia deseada, teniendo cuidado de no humedecer demasiado la masa. La masa final debe ser ligeramente suave, similar a un puré de papas rígido. Pruebe para sazonar y agregue sal, pimienta, y salsa picante adicional según lo desee.

Corte 30 piezas de hojas de plátano en cuadrados de 12 x 12 pulgadas. Reserve piezas de tamaño irregular para usarlas como parches durante el proceso de montaje. Recorte los tallos o piezas duras de las hojas. Manipular con cuidado, para evitar grietas en las hojas. Pase rápidamente cada hoja de plátano, con el lado opaco hacia arriba, sobre una llama abierta en la estufa para ablandar las hojas y hacerlas más flexibles. Este proceso también realza el sabor. Dejar a un lado.

Coloque pasas, ciruelas pasas, aceitunas, guisantes, alcaparras, y pimiento rojo en tazones individuales para acelerar el proceso de armado del tamal.

Coloque la hoja de plátano con el lado opaco hacia arriba. Inspeccione si hay grietas y use un trozo de hoja de plátano reservado para parchar según sea necesario. Cepille cada hoja ligeramente con aceite, esparciendo uniformemente para cubrir el centro de la hoja de plátano. Agregue aproximadamente ¾ de taza de masa en el centro de la hoja de plátano, esparciendo uniformemente para formar un cuadrado de 5 x 5 pulgadas.

Agregue algunos trozos de carne en la parte superior del cuadrado de masa seguido de 2 aceitunas, 6 a 8 guisantes, alcaparras, un trozo de pimiento rojo asado y 3 a 4 pasas, o 1 a 2 piezas de ciruelas pasas (o una combinación), dejando un borde de masa de 1 pulgada a cada lado. Sosteniendo los bordes derecho e izquierdo de la hoja de plátano, lleve el lado izquierdo de la mezcla al centro de la hoja, doblando el tamal sobre sí mismo. Repita desde el lado derecho para sellar la mezcla por el centro. Repita desde los lados superior e inferior de la hoja. El tamal final debe tener aproximadamente 3 x 3 pulgadas con muy poco del relleno visible.

Doble cuidadosamente las hojas para encerrar completamente el tamal. Inspeccione el tamal para asegurarse de que no haya grietas ni escape. Envuelva con cuidado el hilo alrededor del tamal para asegurar el contenido, asegurando con un nudo.

Coloque una canasta de vapor en el fondo de una olla grande y agregue suficiente agua para llegar al fondo de la canasta. Coloque de 10 a 12 tamales en la olla encima de la vaporera. Llevar a ebullición, reducir el fuego a medio bajo y cocinar durante 25 a 30 minutos. Repita con los tamales restantes. Dejar enfriar un poco antes de servir.

Para congelar tamales, use un sellador al vacío o envuelva cada tamal individualmente en una envoltura de plástico y luego en papel de aluminio y guárdelos en una bolsa en el congelador.

CONSEJO: Si está haciendo tamales con diferentes carnes, para distinguirlos una vez terminados, corte hilos hechos de hoja de plátano y haga un nudo en solo un tipo de tamal.

BOCADO DE LA REINA

PASTEL

4 huevos, separados

⅔ tazas de azúcar granulada

1 cucharadita de extracto de vainilla

1 taza de harina para todo uso

1 cucharadita de polvo para hornear

⅛ de cucharadita de sal

SIROPE

3 tazas de azúcar

3 tazas de agua

20 ciruelas pasas sin semilla

½ taza de pasitas oscuras

2 palitos de canela

6 clavos de olor

½ taza de ron Panameño oscuro

⅓ taza de jerez seco o dulce

½ taza de perlas confitadas plateadas

Precaliente el horno a 350° F. Engrase ligeramente un molde para hornear cuadrado de 8 o 9 pulgadas.

Combine harina, bicarbonato de sodio, y sal en un tazón pequeño. En otro tazón, bata las yemas de huevo con azúcar y vainilla hasta que quede suave y esponjosa. En un tazón para mezclar separado, bata las claras de huevo a alta velocidad hasta que se formen picos rígidos. Incorpore la mezcla de huevo batido. Una vez combinados, agregue la mezcla de harina, asegurándose de raspar el fondo del tazón para incorporar completamente los ingredientes secos. Verter la mezcla en el molde preparado.

Hornee durante 18 a 20 minutos o hasta que al insertar un palillo en el centro, éste salga limpio. Retire del horno y enfríe sobre una rejilla.

Mientras el pastel se enfría, prepare el sirope de ron. En una cacerola, combine azúcar, agua, palitos de canela, clavos de olor, ciruelas pasas, y pasitas. Llevar a ebullición a fuego alto, revolver hasta que el azúcar se disuelva. Reduzca el fuego y cocine durante 7 a 8 minutos. Retire del fuego y agregue el ron oscuro y el jerez. Deje enfriar durante 30 minutos y retire los palitos de canela y los clavos de olor.

Retire el pastel del molde, córtelo en 16 a 20 cuadrados y colóquelo en un plato de servir. Vierta el sirope por encima y decore con ciruelas pasas, pasitas, y perlas confitadas plateadas.

BEBIDAS

CÓCTEL SIN ALCOHOL DE ARÁNDANOS

4 tazas de cóctel de jugo de arándano

½ taza de jugo de lima recién exprimido

6 tazas de Ginger Ale

Arándanos congelados y rodajas de lima para decorar

Combine jugo de arándano y jugo de lima juntos en una jarra. Enfriar.

Añadir Ginger Ale justo antes de servir.

Borde los vasos con jugo de lima y luego páselos por azúcar granulada. Sirva sobre hielo y decore con arándanos y rodajas de lima.

PONCHE DE FIESTA DE PLAYA

12 onzas de concentrado de jugo de naranja

14 onzas de pulpa de maracuyá

3 tazas de agua

46 onzas de jugo de piña en lata

½ taza de jugo de lima recién exprimido

6 tazas de refresco de Club Soda

Rodajas de naranja, rodajas de lima, y cerezas al marrasquino para decorar

Combine jugo de naranja, pulpa de maracuyá, y agua en una jarra grande o en una ponchera. Agregue jugo de piña y jugo de lima y mezcle bien. Helar hasta que esté bien frío.

Agrege Club Soda justo antes de servir. Servir con hielo y decorar con frutas.

SANGRÍA

1 limón, cortado en rodajas

1 naranja, cortada en rodajas

1 lima, cortada en rodajas

6 fresas, partidas a la mitad

1 manzana verde, sin semillas y picada

1 botella de Pinot Noir

¼ taza de Brandy, Bourbon, o Ron

1 taza de sirope simple

2 tazas de refresco de Club Soda

Agregue todos los ingredientes excepto el Club Soda a una jarra. Revuelva para combinar bien. Refrigerar 12 horas. Agregue Club Soda justo antes de servir. Sirva sobre hielo y decore con rodajas adicionales de cítricos, si lo desea.

CHICHITA PANAMEÑA

1 botella de 750 ml Seco Herrerano o Ron blanco

2 latas de 46 onzas de jugo de piña

2 latas de 46 onzas de jugo de toronja

1 a 2 tazas de sirope simple, al gusto

5 gotas de bíters

Combine todos los ingredientes en una jarra grande o ponchera. Refrigere hasta que esté frío.

Sirva sobre hielo y decore con rodajas de cítricos o rodajas de piña.

RON PONCHE

1 botella de 750 ml de ron oscuro Panameño

12 huevos grandes, separados

4 latas de 14 onzas de leche condensada azucarada

5 latas de 12 onzas de leche evaporada

3 cucharadas de extracto de vainilla

Nuez moscada fresca rallada al gusto (opcional)

Bata las claras de huevo juntas en un tazón grande hasta que se formen picos rígidos. Dejar a un lado.

En otro tazón grande, bata 6 yemas de huevo con la mitad de la leche condensada y mitad de la leche evaporada hasta que estén bien combinados. Mezcle yemas de huevo y leches restantes. Agregue el Ron y bata hasta que esté bien mezclado. Agregue suavemente las claras de huevo reservadas hasta que la mezcla esté ligera y esponjosa y las claras de huevo se hayan incorporado por completo.

Refrigere por lo menos 12 horas antes de servir, revolviendo ocasionalmente. Vierta la mezcla en botellas individuales o en una ponchera grande y cubra con nuez moscada rallada antes de servir, si lo desea.

SALSAS Y ENTREMÉSES

ACEITE DE ACHIOTE

½ taza de aceite vegetal o aceite de oliva

1 cucharada de semillas de achiote

Coloque el aceite y las semillas de achiote en una cacerola pequeña a fuego medio-bajo.

Cocine de 5 a 7 minutos, revolviendo ocasionalmente, hasta que las semillas de achiote hayan liberado su color y el aceite se haya vuelto de un color rojo intenso. No sobrecaliente el aceite ya que las semillas de achiote se volverán negras y estropearán el aceite.

Cuele el aceite en un recipiente de vidrio resistente al calor. Refrigere el aceite hasta por una semana.

SOFRITO

4 dientes de ajo

8 hojas de culantro

1 cebolla blanca grande, pelada y cortada en cuartos

1 pimiento verde, sin semillas y cortado en trozos

1 pimiento rojo, sin semillas y cortado en trozos

¼ taza de pasta de tomate

¼ taza de aceite de achiote

1 cucharadita de sal

½ cucharadita de pimienta negra

Agregue ajo y culantro al recipiente de un procesador de alimentos con cuchilla de acero. Pulse varias veces hasta que el ajo y el culantro estén finamente picados. Agregue cebolla y pimientos y procese hasta que se forme una pasta suave. Agregue los ingredientes restantes y procese hasta que se combinen.

Úselo inmediatamente o guárdelo refrigerado en un recipiente hermético durante 7 a 10 días.

CONSEJO: Para congelar, coloque pequeñas porciones de sofrito en un molde de hielo. Los cubos congelados se pueden almacenar en una bolsa y congelar hasta por 6 meses.

SALSA FRESCA

6 a 7 tomates Roma, sin el centro o semillas y picados

1 cebolla blanca mediana, picada

½ taza de hojas y tallos de cilantro picados

1 chile jalapeño, sin semillas y picado (opcional)

Jugo de una Lima

Sal al gusto

Agregue tomate, cebolla, cilantro, y jalapeño a un tazón. Revuelva para combinar. Agregue jugo de lima y sazone con sal. Cubra y refrigere por una hora antes de servir.

SALSA DE MANGO

1 o 2 mangos maduros grandes, sin semilla, pelados, y cortados en cubitos

¼ taza de cebolla roja picada

1 diente de ajo, picado

2 cucharadas de cilantro picado

1 chile jalapeño picado (opcional)

1/3 taza de jugo de limón fresco

Sal y pimienta al gusto

Combine todos los ingredientes en un tazón pequeño y revuelva para combinar. Condimentar con sal y pimienta. Cubra y refrigere por una hora antes de servir. Cucharear sobre pollo a la parrilla o sirva con tortillas fritas.

VINAGRE BALSÁMICO

¼ taza de vinagre balsámico

½ taza de aceite de oliva extra virgen

½ cucharadita de mostaza Dijon

1 diente de ajo, rallado

½ cucharadita de albahaca seca u orégano

Sal y pimienta al gusto

Combine todos los ingredientes en un frasco con tapa hermética. Agitar bien para combinar. Sazonar al gusto. Agitar de nuevo antes de servir. Delicioso servido sobre una ensalada verde o utilizado como adobo.

SALSA VERDE

1 cucharada de vinagre blanco

2 cucharadas de jugo de limón fresco

3 cucharadas de aceite de oliva extra virgen

¼ de cucharadita de salsa Tabasco

3 cucharadas de perejil picado

3 cucharadas de cebollín picado

1 cucharada de encurtidos de pepinillos picados

1 cucharada de pimiento verde picado

Combine todos los ingredientes en una licuadora o procesador de alimentos hasta que espese y esté emulsionado. Sirva sobre una ensalada o utilícelo como salsa fresca sobre carnes o pescados a la parrilla.

SALSA DE MAYONESA DOMESTICA

2 yemas de huevo grandes a temperatura ambiente

1 cucharadita de sal

½ cucharadita de azúcar granulada

2 cucharadas de jugo de limón

1 cucharadita de mostaza Dijon

¼ de cucharadita de pimentón

¾ tazas de aceite de oliva extra virgen

En una licuadora o procesador de alimentos, mezcle las yemas de huevo, jugo de limón, mostaza, sal, azúcar, y pimentón, mezcle hasta que estén bien combinados. Con el motor aún en marcha, agregue el aceite en un chorro lento y constante y mezcle hasta que el aderezo esté espeso y suave.

La mayonesa se puede preparar con tiempo y refrigerada en un recipiente hermético hasta por una semana.

SALSA CHIMICHURRI

½ taza de aceite de oliva

¼ taza de vinagre de vino tinto

½ taza de cilantro picado

½ taza de cebolla finamente picada

4 dientes de ajo, picados

1 cucharada de perejil picado (opcional)

Sal y pimienta negra al gusto

Combine todos los ingredientes en un tazón pequeño. Cubra y refrigere de 2 a 3 horas antes de servir.

Delicioso servido con filetes, pollo, o mariscos.

¡La salsa chimichurri es excelente con yuca frita o patacones!

APERITIVOS Y ENSALADAS

PIZZITAS CASERAS

1 baguette Frances, cortado en diagonal en rodajas gruesas de 1 pulgada

½ taza de mantequilla

1 taza de pizza preparada o salsa marinara

2 tazas de queso Mozzarella rallado

½ taza de queso Parmesano rallado

6 onzas de pepperoni en rodajas

Sal y pimienta negra

Precaliente el horno a 375° F.

Unte ligeramente con mantequilla un lado de las rebanadas de baguette y colóquelas en una bandeja para hornear con borde. Agregue una cucharada de salsa para pizza seguida de una pizca de Mozzarella y queso Parmesano. Agregue dos rebanadas de pepperoni en la parte superior de cada pieza de baguette.

Hornee durante 10 a 15 minutos, hasta que el queso se derrita y burbujee. Espere un poco antes de servir.

HONGOS MARINADOS

Lata de 28 onzas de champiñones enteros, escurridos

1 cebolla mediana, finamente picada

3 dientes de ajo, picados

½ taza de vinagre de sidra de manzana

½ taza de agua fría

½ taza de aceite de oliva extra virgen

Sal y pimienta al gusto

Agregue champiñones, cebolla, y ajo a un tazón mediano. En otro tazón, mezcle vinagre, agua, y aceite de oliva hasta que estén bien combinados. Vierta sobre la mezcla de champiñones y revuelva bien. Condimentar con sal y pimienta.

Marinar durante 4 horas o toda la noche antes de servir.

CIRUELAS PASAS ENVUELTAS EN TOCINO

1 libra de tocino ahumado en rodajas finas, cortadas por la mitad

30 a 36 ciruelas pasas sin semillas

½ taza de dulce de leche o queso de cabra

Precaliente el horno a 375° F. Cubra una bandeja para hornear con papel pergamino.

Rellene cada ciruela pasa con una cucharadita colmada de dulce de leche o queso de cabra y vuelva a sellar. Envuelva cada ciruela con media pieza de tocino. Asegure el tocino con un palillo decorativo y colóquelo en una bandeja para hornear. Repita el proceso con las pasas restantes y el tocino.

Hornee durante 15 a 20 minutos o hasta que el tocino esté crujiente. Retire de la bandeja para hornear a un plato para servir. Servir tibio o a temperatura ambiente.

PALITROQUES DE QUESO

½ taza de mantequilla

1 taza de queso cheddar fuerte rallado

1 taza de harina para todo uso, tamizada

½ cucharadita de sal

¼ cucharadita de pimienta negra

¼ de cucharadita de pimienta cayenne (opcional)

Precaliente el horno a 350° F. Cubra dos bandejas para hornear con papel pergamino.

En un tazón grande, bata la mantequilla hasta que esté suave y esponjosa. Batir el queso hasta que se mezcle. Combine harina, sal, y pimienta; agregue a la mezcla de queso hasta que se forme una masa. Enrolle en un rectángulo de 15 x 6 pulgadas. Cortar en 30 tiras de seis pulgadas. Coloque delicadamente las tiras con una separación de 1 pulgada en las bandejas para hornear preparadas.

Hornee hasta que estén ligeramente dorados, de 15 a 20 minutos. Deje refrescar por 5 minutos antes de retirar de las bandejas a las rejillas para que se refresquen los palitroques por completo. Almacenar en un recipiente hermético.

CÓCTEL DE FRUTAS TROPICALES

1 papaya pequeña, sin piel y sin semillas

1 piña, sin piel y sin el centro

2 toronjas, sin piel

6 naranjas, sin piel

1 lima

½ taza de azúcar granulada

Corte papaya en trozos de 1 pulgada. Corte toronja y naranjas transversalmente en rodajas de ½ pulgada, luego córtelas en cuartos. Coloque las frutas en un tazón grande para servir. Agregue ralladura y jugo de la lima con el azúcar granulada. Revuelva bien para combinar. Ajuste el azúcar según sea necesario. Refrigere por 2 horas antes de servir.

ENSALADA DE REPOLLO CON PIÑA

2 cucharadas de vinagre blanco

¼ taza de aceite de oliva extra virgen

½ cucharadita de pimienta negra

½ cucharadita de sal

1 cucharadita de azúcar

2 tazas de repollo en rodajas o mezcla de ensalada de col

1 taza de piña fresca cortada en cubitos

En un frasco pequeño, combine vinagre, aceite de oliva, pimienta negra, sal, y azúcar. Agitar bien para combinar.

Coloque repollo y piña en un tazón mediano. Agregue el aderezo preparado y mezcle bien. Refrigere durante 2 a 3 horas antes de servir para permitir que los sabores se mezclen.

ENSALADA DE MANGO VERDE

3 a 4 mangos verdes grandes y firmes

½ cebolla dulce pequeña, en rodajas finas

¼ taza de aceite de oliva extra virgen

1 cucharada de vinagre de sidra de manzana

1 cucharada de agua

Sal y pimienta

Salsa picante

Cilantro o perejil picado para decorar

Pele los mangos, quite la pulpa de la semilla y córtelos en rebanadas de ¼ de pulgada. Añadir a un tazón con cebolla.

En un tazón pequeño, combine aceite de oliva, vinagre, y agua. Sazone con salsa picante, sal, y pimienta al gusto. Vierta sobre la mezcla de mango y cebolla y revuelva para combinar.

Cubra y refrigere durante 2 a 3 horas antes de servir para permitir que los sabores se combinen.

Adorne con cilantro picado o perejil, si lo desea.

PLATOS ADICIONALES

PAPAS GRATINADAS A LA PARMESANA

5 a 6 papas grandes para hornear

12 onzas de leche evaporada

1 ½ tazas de agua

2 cucharaditas de sal Kosher

½ cucharadita de pimienta negra

1 taza de queso Parmesano recién rallado

4 cucharadas de mantequilla

Precaliente el horno a 375° F. Cubra un plato para hornear de 13 x 9 pulgadas con una capa delgada de aceite en aerosol o mantequilla.

Mezcle leche evaporada, agua, sal, y pimienta negra en una jarra. Lavar, pelar, y cortar en rodajas bien finas las papas con un pelador de papas o mandolina.

Coloque la mitad de las papas en una sola capa en un plato para hornear. Salpique la parte superior con 2 cucharadas de mantequilla seguidas de ¼ de taza de queso Parmesano espolvoreado uniformemente por encima. Agregue las papas restantes a la parte superior en una capa uniforme. Vierta la mezcla de leche uniformemente sobre la parte superior. Unte la parte superior de las papas con 2 cucharadas de mantequilla y espolvoree con el queso Parmesano restante.

Hornee durante 1 hora o hasta que las papas estén tiernas y se haya formado una costra dorada.

PLATANOS DULCES Y SALADOS

3 plátanos bastante maduros

2 cucharadas de mantequilla, en cubitos

½ taza de miel

2 cucharadas de queso Parmesano rallado

Precaliente el horno a 350° F. Cubra ligeramente con mantequilla un molde para hornear de 13 x 9 pulgadas.

Pele los plátanos, córtelos por la mitad a lo largo, y coloque en el molde. Coloque cubitos de mantequilla sobre los plátanos. Rocíe con miel y luego espolvoree queso Parmesano uniformemente sobre la parte superior.

Hornee durante 20 a 30 minutos, hasta que los plátanos estén tiernos y dorados.

CASEROLA DE PAPAS DULCES

4 papas dulce grandes

8 onzas de piña triturada, escurrida

½ taza de azúcar moreno

¼ taza de mantequilla

½ cucharadita de sal

1 cucharadita de canela molida

2 tazas de malvas chicas

Precaliente el horno a 400° F.

Perfore cada papa dulce varias veces con un cuchillo o un tenedor. Coloque en una bandeja para hornear con borde forrado con papel pergamino. Hornee hasta que estén tiernos, unos 45 minutos.

Reduzca el horno a 350° F. Cubra una cacerola con mantequilla o aceite en aerosol.

Corte las papas por la mitad a lo largo, saque la pulpa y colóquelas en un tazón. Desechar las pieles de las papas dulces. Triture las papas hasta que estén casi suaves, algunos grumos pequeños son aceptable. Agregue mantequilla, azúcar moreno, sal, canela, y piña y mezcle hasta que estén bien combinados.

Transfiera la mezcla a un molde para hornear de 2 cuartos de galón engrasada. Cubra con una capa uniforme de malvas.

Hornee hasta que el centro esté completamente caliente y las malvas estén ligeramente doradas, alrededor de 15 a 20 minutos.

ENSALADA DE HABICHUELAS CON CEBOLLAS

1 libra de habichuelas frescas

1 cebolla roja mediana, en rodajas

¼ taza de almendras rebanadas

2 cucharadas de aceite de oliva extra virgen

3 cucharadas de vinagre de sidra de manzana

Sal y pimienta negra al gusto

Limpiar y recortar las habichuelas. Ponga a hervir una olla grande de agua y sazone con sal. Agregue las habichuelas y cocine durante 5 a 7 minutos, o hasta que estén crujientes pero tiernas. Escurrir y ponga a un lado.

Agregue las almendras en rodajas a una sartén grande a fuego medio. Tostar las almendras durante 3 a 4 minutos, hasta que estén ligeramente doradas. Remueva de la sartén y ponga a un lado.

En la misma sartén, calienta el aceite de oliva a fuego medio. Agregue las cebollas y saltee hasta que estén blandas y ligeramente doradas, aproximadamente de 8 a 10 minutos. Agregue las habichuelas y cocine por otros 4 a 5 minutos. Agregue vinagre a la sartén y sazone con sal y pimienta. Revuelva bien para combinar.

Retirar a un plato para servir y espolvorear con almendras tostadas. Servir tibio.

SOUFFLÉ DE QUESO

2 cucharadas de mantequilla

2 cucharadas de harina para todo uso

½ cucharadita de sal

⅛ cucharadita de pimienta negra

1 taza de leche

1 taza de agua

8 onzas de queso cheddar fuerte, rallado

3 huevos grandes, separados

1 cucharadita de polvo de hornear

Precaliente el horno a 400° F. Unte con mantequilla 6 tazas de soufflé.

Derrita la mantequilla en una cacerola mediana a fuego lento. Batir harina, sal, y pimienta hasta que se forme una pasta suave. Batir lentamente la leche hasta que esté bien combinado. Añadir agua. Llevar a fuego lento y cocinar durante 4 a 5 minutos, o hasta que espese. Agregue el queso cheddar, revolviendo hasta que esté bien combinado. Retire del fuego y agregue las yemas de huevo una a la vez, batiendo para mezclar después de cada adición. Agregue el polvo de hornear. Raspe la base del soufflé en un tazón grande y deje que se refresque hasta que esté tibia.

Usando una batidora eléctrica, bata las claras de huevo en otro tazón grande hasta que estén firmes, pero no secas. Doble una cuarta parte de las claras en la base de soufflé para aflojar la mezcla. Incorpore las claras restantes en 2 tandas. Transfiera la masa al plato preparado y alise la parte superior.

Coloque el plato en el horno e inmediatamente reduzca la temperatura del horno a 375° F. Hornee hasta que el soufflé esté inflado y dorado en la parte superior y el centro se mueva solo ligeramente con el plato agitado suavemente, aproximadamente 25 minutos (no abra la puerta del horno durante los primeros 20 minutos).

Servir inmediatamente.

SOUFFLÉ DE ZANAHORIA

8 zanahorias grandes, peladas y cortadas en trozos de 1 pulgada

1 lata de 12 onzas de leche evaporada

2 huevos grandes

¼ taza de azúcar granulada

Mantequilla

Traiga una olla grande con agua a hervir. Agregue las zanahorias y cocine hasta que estén tiernas, aproximadamente 15 minutos. Escurrir y enfriar. Coloque las zanahorias en el tazón de un procesador de alimentos y mezcle hasta que quede suave.

Precaliente el horno a 300° F. Unte con mantequilla un molde para soufflé.

Combine zanahorias, leche evaporada, huevos, y azúcar en un tazón grande para mezclar. Vierta la mezcla en el plato preparado. Hornee por 30 minutos o hasta que al insertar un cuchillo en el centro, éste salga limpio.

Servir inmediatamente.

PASTA CON PESTO

2 tazas de hojas de albahaca sueltas

3 a 4 dientes de ajo, pelados

8 onzas de queso Feta, desmenuzado

½ taza de aceite de oliva extra virgen

Sal y pimienta negra al gusto

1 libra de linguini, spaghetti, o fusilli

Prepare la pasta según las instrucciones del paquete.

Mientras se cocina la pasta, combine albahaca, ajo, queso Feta, y aceite de oliva en un procesador de alimentos hasta que quede suave. Condimentar con sal y pimienta.

Escurra la pasta, reservando ¼ de taza del agua de la pasta. Regrese la pasta a la sartén, agregue la salsa de pesto y el agua de la pasta y revuelva para combinar.

Adorne con queso Feta adicional y hojas de albahaca, si lo desea.

PAPAS A LA HUANCAÍNA

2 libras de papas doradas Yukon, peladas

2 cebollas medianas, cortadas en rodajas finas

1 taza de jugo de lima

1 taza de agua

¼ taza de aceite de oliva extra virgen

1 libra de queso Feta, desmenuzado

3 tazas de leche

¼ de chile Habanero o ají amarillo (opcional)

6 huevos, cocidos, pelados, y rebanados

1 taza de aceitunas Kalamata, cortadas por la mitad

Hojas de lechuga iceberg

Hierva las papas en una olla grande con agua con sal hasta que estén ligeramente firmes, pero tiernas cuando las pinche con la punta de un cuchillo. No cocine demasiado. Escurrir y dejar enfriar. Corte las papas en rodajas de media pulgada.

En un tazón mediano, mezcle aceite de oliva, jugo de lima, y agua. Agregue las cebollas a la mezcla. Ponga a un lado para marinar.

Caliente la leche en una cacerola a fuego medio. Agregue queso Feta y pimienta y cocine hasta que esté caliente y el queso se haya ablandado. Si lo desea, coloque la mezcla en una licuadora y procese hasta que esté suave y fría.

Para servir, coloque una capa de hojas de lechuga en un plato grande seguido de una capa de papas rebanadas. Vierta la salsa de queso por encima. Decore con cebollas escurridas, huevos rebanados y aceitunas Kalamata.

ARROZ CON COCO Y PASAS

3 tazas de arroz blanco

2 cucharadas de azúcar moreno

2 ¼ tazas de leche de coco

2 ¼ tazas de soda (Coca Cola)

4 cucharadas de mantequilla

1 ½ cucharadas de sal

1 taza de pasas oscuras

Enjuague el arroz con agua fría hasta que el agua salga clara. Ponga a un lado para drenar completamente.

Derrita la mantequilla en una olla mediana a fuego medio. Agregue las pasas y saltee hasta que las pasas se ablanden y comiencen a reventar. Agregue el azúcar moreno y revuelva para combinar. Agregue el arroz y saltee hasta que esté cubierto con mantequilla y el arroz se haya vuelto opaco. Agregue leche de coco, soda, y sal y cocine a fuego lento. Reduzca el fuego, cubra y cocine durante 15 a 20 minutos, o hasta que el arroz esté tierno, teniendo cuidado de no quemarse. Esponje el arroz con un tenedor y sirva inmediatamente.

ARROZ CON FIDEOS

2 cucharadas de mantequilla o aceite de oliva extra virgen

1 taza de fideos vermicelli finos, fideos o pasta cabello de ángel partido

1 diente de ajo picado

2 tazas de arroz, enjuagado y escurrido

3 tazas de caldo de pollo

1 cucharadita de sal

1 cucharada de perejil finamente picado (opcional)

Derrita la mantequilla en una olla de fondo grueso a fuego medio. Agregue los fideos y cocine hasta que comiencen a tostarse y adquieran un color dorado claro. Agregue el ajo y cocine por 1 minuto. Agregue el arroz y revuelva, cubriendo los granos con mantequilla. Cocine hasta que el arroz esté transparente y tenga un ligero aroma tostado. Agregue caldo de pollo y sal, revuelva bien y deje hervir.

Reduzca el fuego; cubra y cocine durante 12 a 15 minutos hasta que todo el líquido se haya absorbido y el arroz esté blando. Retirar del fuego, agregar perejil picado, esponjar con un tenedor y servir.

ARROZ CON POROTOS

1 libra de frijoles secos

4 rebanadas de tocino

1 pimiento verde, picado

1 cebolla amarilla mediana, picada

2 dientes de ajo, picados

8 hojas de culantro, picadas

1–2 tazas de salchicha ahumada cocida en rodajas (opcional)

6 tazas de caldo de pollo o agua

8 onzas de salsa de tomate en lata

Sal y pimienta

Salsa picante al gusto

Arroz blanco preparado de antemano

Coloque los frijoles en un tazón grande y remoje en 8 tazas de agua durante la noche. Escurrir los frijoles, enjuagar con agua fría y reservar.

En una sartén grande, cocine el tocino hasta que esté crujiente. Retirar de la sartén para escurrir. Agregue pimiento verde y cebolla a la sartén con la grasa de tocino a fuego medio. Cocine durante 4 a 5 minutos hasta que las verduras se ablanden ligeramente. Agregue el ajo y cocine por 1 minuto. Agregue los frijoles a la sartén con culantro, caldo de pollo, salsa de tomate, y salchicha ahumada. Agregue agua adicional, si es necesario, para tener suficiente líquido para cubrir los frijoles por 2 pulgadas.

Llevar a hervir. Reduzca a fuego lento y cocine hasta que estén blandos, aproximadamente 30 minutos. 15 minutos antes de que los frijoles estén listos, agregue sal, pimienta, y salsa picante al gusto.

Servir con arroz blanco.

PLATOS PRINCIPALES

CAMARONES AL AJILLO

1 libra de camarones grandes, pelados y desvenados

2 cucharadas de mantequilla

2 cucharadas de aceite de oliva extra virgen

4 dientes de ajo, picados

1 cucharadita de condimento Italiano seco

½ taza de vino blanco seco

½ cucharadita de hojuelas de pimiento rojo

½ cucharadita de sal Kosher

2 cucharadas de perejil de hoja plana picado

1 cucharada de jugo de limón fresco

Rodajas de limón para decorar

En una sartén grande a fuego medio-alto, derrita mantequilla y aceite de oliva. Agregue ajo y condimento Italiano y saltee durante 1 minuto. Agregue vino blanco, hojuelas de pimiento rojo, y sal. Cocine durante 2 a 3 minutos o hasta que el vino se reduzca a la mitad.

Agregue los camarones y saltee hasta que se pongan rosados, alrededor de 3 a 4 minutos. Agregue jugo de limón y perejil.

Sirva con la pasta de su elección, con cortes de baguette, o rodajas de pan crujiente.

ARROZ FRITO CHINO CON CAMARONES

1 libra de camarones medianos, pelados, y desvenados

2 cucharadas de aceite vegetal, dividido

1 huevo batido

¾ taza de jamón picado

¾ taza de champiñones blancos en rodajas (opcional)

½ taza de cebolla picada

2 cebollas verdes, picadas

1 cucharadita de aceite de sésamo tostado

2 tazas de arroz blanco al vapor frío hecho un día anterior

½ taza de guisantes congelados, descongelados

1 cucharadita de salsa de soya oscura

1 cucharada de salsa de soya light

Tenga todos los ingredientes preparados y listos antes de comenzar el proceso de cocción.

Caliente una cucharada de aceite en una sartén grande a fuego medio-alto. Agregue los camarones, sazone con sal y pimienta y saltee hasta que estén bien cocidos. Retire de la sartén a un plato para mantener caliente. Agregue el huevo batido a la sartén y extiéndalo en una sola capa delgada. Cocinar y retirar de la sartén, cortar en tiras finas; reservar con los camarones.

Agregue la cucharada restante de aceite a la sartén, seguido del jamón, champiñones, y cebollas. Cocine hasta que las cebollas se ablanden. Agregue aceite de sésamo a la sartén seguido del arroz. Cocine por 5 minutos, hasta que el arroz se caliente. Sazonar con salsas de soya. Agregue guisantes, camarones, y huevo; cocine hasta que todos los ingredientes estén tibios. Agregue más salsa de soya al gusto.

ALMEJAS AL AJILLO

2 cucharadas de aceite de oliva

3 dientes de ajo, picados

1 cucharadita de hojuelas de pimiento rojo seco

½ cucharadita de sal

36 almejas de cuello pequeño, lavadas y escurridas

1 taza de vino blanco seco

1 cucharada de perejil fresco picado

Rodajas de limón

Caliente el aceite de oliva a fuego medio-alto en una sartén profunda con una tapa que cierre bien. Agregue ajo, sal, y hojuelas de pimiento rojo y cocine hasta que el ajo adquiera un color marrón dorado pálido, aproximadamente de 4 a 5 minutos. Aumente el fuego a alto, agregue las almejas y el vino blanco. Tape la cacerola y cocine, sacudiendo la cacerola de vez en cuando, hasta que todas las almejas estén abiertas. Remueva almejas que no abrieron de la cacerola.

Retirar del fuego, espolvorear con perejil. Sazone la salsa con sal y pimienta adicionales, si es necesario. Sirva las almejas con la salsa y las rodajas de limón.

SALMÓN AL HORNO

4 filetes de salmón cortados al centro, 6 a 7 onzas cada uno

¼ taza de alcaparras escurridas

½ taza de vino blanco seco

1 cucharada de jugo de limón

2 dientes de ajo, picados

2 cucharadas de mantequilla

Sal y pimienta negra al gusto

2 cucharadas de perejil picado o eneldo (opcional)

Gajos de limón adicionales para servir

Precaliente el horno a 350° F. Rocíe un molde de hornear con aceite en aerosol antiadherente.

Coloque los filetes con la piel hacia abajo en el molde. Sazone con sal y pimienta negra. Cubra cada filete con ½ cucharada de mantequilla, ajo picado, y alcaparras. Vierta vino blanco y jugo de limón alrededor de los filetes. Hornee durante 15 a 20 minutos, o hasta el punto de cocción deseado.

Espolvoree con el perejil o eneldo y un chorrito de limón fresco antes de servir. Vierta la salsa por encima, si lo desea.

ESCABECHE DE PESCADO

1 libra de filetes de pescado blanco, preferiblemente corvina o pargo

½ taza de harina para todo uso

1 cucharadita de sal

½ cucharadita de pimienta negra

½ cucharadita de ajo en polvo

1 taza de aceite de oliva extra virgen

1 cebolla mediana, cortada en aros

1 pimiento verde, cortado en aros

1 chile Habanero, sin semillas y cortado en rodajas finas

½ taza de vinagre de vino tinto

½ taza de aceitunas rellenas de pimiento

1 hoja de laurel

¾ taza de agua

Sal y pimienta al gusto

Ponga el vinagre, cebolla, aceitunas, laurel, chile habanero, y agua en una cacerola pequeña a fuego medio alto. Reduzca el calor. Cocine a fuego lento, revolviendo ocasionalmente, hasta que las cebollas estén blandas, unos 10 minutos; dejar enfriar.

Mezcle harina, sal, pimienta, y ajo en polvo. Mezcle los filetes de pescado con la mezcla de harina, quitando el exceso. Caliente el aceite de oliva en una sartén mediana a fuego medio alto. Agregue el pescado. Cocine, volteando una vez, hasta que el pescado esté dorado por ambos lados y bien cocido, aproximadamente de 5 a 6 minutos. Transfiera el pescado a un plato de vidrio para hornear.

Vierta la salsa reservada sobre el pescado; cubra con una envoltura de plástico. Refrigere por lo menos 24 horas, o hasta 48 horas. Servir frío.

CHULETAS PICANTES

4 chuletas de cerdo con hueso, de aproximadamente ¾ de pulgada de grueso

½ cucharadita de sal

¼ cucharadita de pimienta negra

1 cucharada de aceite vegetal

2 dientes de ajo, picados

2 tazas de salsa preparada (suave a mediana)

2 cucharadas de cilantro picado o culantro

½ taza de aceitunas verdes rellenas de pimiento pequeño

2 cucharadas de alcaparras escurridas

½ taza de agua

Sazone las chuletas de cerdo por ambos lados con sal y pimienta.

Caliente el aceite vegetal a fuego medio en una sartén grande con una tapa que cierre bien. Agregue las chuletas. Saltee durante 3 a 4 minutos por cada lado hasta que estén ligeramente doradas. Agregue ajo, salsa, cilantro, aceitunas, alcaparras, y agua. Cubra y cocine durante 20 a 30 minutos a fuego lento hasta que las chuletas estén tiernas.

Servir con arroz, pasta, o papas.

NOTA: Para más sabor picante, añadale picante D'Lidas en la salsa.

CAZUELA DE PAPAS CON JAMÓN

2 libras de papas rojas, lavadas, peladas, y en rodajas finas

½ libra de jamón cocido, cortado en cubitos

1 cebolla grande, pelada y en rodajas finas

4 cucharadas de mantequilla, en cubos

1 taza de leche entera

1 cucharada de harina para todo uso

sal y pimienta negra

Precaliente el horno a 350° F. Engrase con mantequilla una cacerola para hornear de 13 x 9 pulgadas.

Coloque un tercio de las papas en el fondo de la cacerola para hornear. Cubra con la mitad del jamón y la cebolla seguido de una cucharada de mantequilla. Espolvorear con sal, pimienta, y mitad de la harina. Repita para una segunda capa. Coloque las papas restantes encima y vierta la leche uniformemente sobre la cacerola. Sazone las papas con sal y pimienta y salpique la parte superior con las dos cucharadas restantes de mantequilla.

Cubra con papel aluminio y hornee por 45 minutos. Retire el papel aluminio y cocine por otros 15 minutos hasta que la parte superior esté dorada.

ARROZ CON PUERCO Y VEGETALES

1 libra de paleta de cerdo, en cubos y sin exceso de grasa

2 cucharaditas de condimento de adobo

2 cucharadas de aceite vegetal

1 cucharadita de sal

½ cucharadita de pimienta negra

3 cucharadas de cebollas verdes en rodajas

1 taza de apio picado

2 pimientos verdes, sin semillas y picados

1 cebolla grande, cortada por la mitad y en rodajas

2 tomates medianos, picados

1 zanahoria, pelada y rallada

1 taza de judías verdes congeladas, descongeladas

2 tazas de arroz blanco de grano largo

8 onzas de salsa de tomate

1 cucharada de salsa Worcestershire

2 tazas de agua

Sazone la carne con adobo. Caliente 2 cucharadas de aceite en una sartén grande a fuego medio-alto. Agregue los cubos de cerdo y cocine hasta que se doren por todos lados. Escurrir y reservar.

En la misma sartén, agregue cebollas verdes, apio, pimientos verdes, y cebolla. Sazone con sal y pimienta negra. Saltee durante 4 a 5 minutos hasta que las verduras comiencen a ablandarse. Agregue tomate, zanahoria, y las judías verdes. Revuelva para combinar. Agregue el arroz y cocine por 5 minutos. Agregue salsa de tomate, salsa Worcestershire, y agua. Revuelva bien. Cubra y cocine durante 15 a 20 minutos, hasta que el líquido se haya absorbido y el arroz esté tierno.

PERNIL DE PUERCO

1 pierna de cerdo entera (de 14 a 16 libras) con hueso

½ taza de aceite de oliva extra virgen

2 cucharadas de semillas de achiote

8 dientes de ajo, finamente picados

1 cucharada de sal kosher

1 cucharadita de pimienta negra

2 cucharaditas de comino molido

1 cucharada de orégano seco

½ taza de vinagre blanco, jugo de limón, o jugo de naranja agria

Combine aceite de oliva y semillas de achiote en una cacerola pequeña y cocine a fuego medio-bajo durante 4 a 5 minutos hasta que el aceite se vuelva rojo oscuro, teniendo cuidado de no quemar las semillas de achiote. Retire del fuego, escurra en un recipiente resistente al calor y deseche las semillas de achiote. Ponga a un lado para enfriar.

Combine aceite enfriado, ajo, sal, pimienta, comino, orégano, y vinagre en un tazón pequeño. Dejar de lado.

Lave la pierna de cerdo y séquela. Con un cuchillo afilado, corte pequeñas hendiduras por toda la pierna. Coloque la carne en una asadera grande y frote la mezcla de aceite preparada por toda la pierna, empujando la mezcla hacia las ranuras abiertas. Cubra y deje marinar durante al menos 4 horas o toda la noche.

Precaliente el horno a 350° F.

Asar durante 5 a 6 horas, rociando con los jugos de la sartén cada hora hasta que la piel esté dorada y crujiente. Retire del horno, cubra sin apretar con papel de aluminio y deje reposar durante 20 a 30 minutos antes de cortar.

Prepare una salsa con la grasa de la sartén si desea.

LASAGNA DE BERENJENA CON PUERCO

2 berenjenas grandes, en rodajas de ½ pulgada de grueso (alrededor de 8 rodajas)

5 cucharadas de aceite de oliva extra virgen

1 libra de carne de cerdo molida

1 cucharadita de sal

½ cucharadita de pimienta negra

1 cebolla grande, picada

3 tomates grandes, picados

1 pimiento rojo grande, picado

2 dientes de ajo, pelados y picados

3 cucharadas de pasta de tomate

2 tazas de maíz dulce descongelado fresco o congelado

1 taza de queso Parmesano rallado

Sal y pimienta negra al gusto

Precaliente el horno a 400° F.

Coloque las berenjenas en rodajas en una sola capa en 2 moldes para hornear. Cepille ambos lados con 3 cucharadas de aceite de oliva y sazone con sal y pimienta. Ase la berenjena hasta que esté blanda y dorada, unos 25 minutos. Voltee las rebanadas a la mitad de la cocción.

Mientras se cocina la berenjena, caliente 2 cucharadas de aceite de oliva en una sartén grande a fuego medio. Agregue la carne molida de cerdo y sazone con sal y pimienta. Corte trozos grandes y cocine hasta que se doren. Agregue cebolla, tomates, pimientos, y ajo y cocine hasta que las verduras se ablanden, aproximadamente 10 minutos. Agregue pasta de tomate y maíz y cocine por 5 minutos más. Ponga a un lado para enfriar un poco.

Reduzca el horno a 350° F.

Cepille un molde para hornear de 8 pulgadas con aceite de oliva. Extienda ¼ de la salsa de carne en el fondo de el molde preparado. Coloque 2 o 3 rodajas de berenjena encima seguidas de ¼ de la mezcla de salsa de carne y ¼ de taza de queso Parmesano. Repetir. Cubra con el ¼ de taza restante de la mezcla de carne y el queso Parmesano restante. Hornee hasta que estén doradas, a 350° F, durante 30 minutos.

COSTILLAS AL WHISKY

2 rejillas de costillitas, alrededor de 4 libras

1 taza de salsa barbacoa ahumada preparada

⅓ taza de whisky

⅓ taza de salsa de tomate

⅓ taza de azúcar moreno

3 cucharadas de aceite vegetal

3 cucharadas de salsa Worcestershire

½ cebolla pequeña, rallada

2 dientes de ajo, picados

½ cucharadita de jengibre fresco picado

1 cucharadita de mostaza amarilla

Sal y pimienta

Corte cada rejilla de costillas por la mitad y sazone con sal y pimienta. Unte salsa barbacoa sobre las costillas. Coloque las costillas en una bolsa de plástico con cierre hermético y deje marinar durante 24 horas.

Agregue whisky, ketchup, azúcar moreno, aceite, salsa Worcestershire, cebolla, ajo, jengibre, y mostaza a una cacerola mediana y revuelva bien. Cocine a fuego medio bajo durante 10 minutos. Retirar del fuego y dejar enfriar.

Retire las costillas del refrigerador y lleve a temperatura ambiente, aproximadamente una hora antes de cocinarlas. Precaliente el horno a 350° F. Coloque las costillas, con la carne hacia arriba, en un molde para hornear forrado con papel aluminio que haya sido cubierto con aceite en aerosol. Cepille las costillas con una capa de salsa de whisky. Ase por 75 minutos, o hasta que la carne se separe fácilmente de los huesos. Bañe con la salsa de whisky dos veces durante la cocción.

Sirva con la salsa restante a un lado.

LOMO RELLENO

3 libras de lomo redondo

½ libra de tocino en rodajas finas

15 aceitunas verdes sin semillas

10 ciruelas pasas sin semillas

3 dientes de ajo, machacados

1 cebolla grande, cortada en rodajas gruesas

1 hoja de laurel

1 taza de vino tinto seco

¼ taza de azúcar moreno

Sal y pimienta negra

Precaliente el horno a 400° F.

Use un cuchillo largo y afilado para perforar un agujero en el centro de ambos extremos del lomo. Trabajando desde ambos extremos, use el mango de una cuchara grande de madera para forzar una cavidad en todo el centro del lomo. Retire la cuchara y empuje el mango varias veces más, ensanchando la cavidad. Trabajando con algunas ciruelas pasas y aceitunas, empújelas dentro de la cavidad con los dedos y el mango de una cuchara. Trabaje desde ambos extremos hasta que la cavidad se rellene de extremo a extremo. Frote el exterior del lomo con el puré de ajo y sazone con sal y pimienta.

Envuelva el lomo en rebanadas de tocino y colóquelo en una asadera. Agregue cebollas en rodajas, hoja de laurel, y 2 tazas de agua a la sartén. Ase durante 1 hora, agregando más agua según sea necesario para evitar que se queme.

Retirar del horno y dejar reposar la carne sobre una tabla para trinchar ligeramente cubierta con papel de aluminio durante 15 a 20 minutos. Regrese la sartén a la estufa, agregue vino y azúcar moreno, hierva a fuego lento y cocine hasta que la salsa se reduzca y espese un poco. Cortar la carne y colocar en un plato. Sirva la salsa encima o a un lado.

ESPAGUETI CON ALBÓNDIGAS A LA ITALIANA

1 libra de carne molida baja en grasa

3 rebanadas de pan blanco, sin corteza y en cubitos

¼ taza de leche

1 cebolla mediana, rallada

1 diente de ajo, picado

1 tomate mediano, picado

1 pimiento verde grande, sin semillas y finamente picado

1 huevo

1 cucharadita de sal

½ cucharadita de pimienta negra

Salsa marinara preparada

1 libra de espagueti o rigatoni

Precaliente el horno a 400° F. Cubra un molde para hornear grande con papel pergamino o papel de aluminio rociado con aceite en aerosol.

En un tazón grande, mezcle todos los ingredientes hasta que se combinen. No trabaje demasiado la mezcla. Forme 24 albóndigas y coloque 1 pulgada de distancia en el molde preparado. Hornear durante 20 a 25 minutos.

Agregue las albóndigas a la salsa marinara preparada y cocine a fuego lento durante 20 minutos. Cocine la pasta según las instrucciones del paquete. Sirva las albóndigas y la salsa sobre la pasta.

NOTA: Como alternativa al horneado, las albóndigas se pueden freír hasta que estén doradas en una sartén grande con ¼ de taza de aceite de oliva.

CHILI CON CARNE

1 libra de carne molida baja en grasa

1 ½ cucharaditas de sal Kosher

½ cucharadita de pimienta negra molida

2 cucharadas de chile en polvo

1 cebolla grande, finamente picada

1 pimiento verde grande, finamente picado

1 tallo de apio, picado

2 dientes de ajo, picados

Lata de 14 onzas de frijoles rojos, enjuagados y escurridos

Lata de 14 onzas de tomates cortados en cubitos

8 onzas de salsa de tomate

1 jalapeño, sin semillas y finamente picado

Crema agria, queso cheddar rallado y cebolla picada adicional para servir

Cocine la carne molida sazonada con sal y pimienta en una olla grande a fuego medio-alto hasta que esté bien dorada. Agregue chile en polvo, cebolla, pimiento, apio, y ajo y cocine hasta que las verduras se ablanden. Agregue frijoles rojos, tomates cortados en cubitos, salsa de tomate, y jalapeño; reduzca el fuego a bajo. Tape y cocine a fuego lento durante una hora.

Pruebe y ajuste la sazón según sea necesario. Sirva con crema agria, queso rallado, y cebolla, si lo desea.

CARNE GUISADA CON VEGETALES

1 libra de estofado de res o carne asada cortada en cubos de 1 pulgada

½ taza de harina para todo uso

2 cucharadas de aceite vegetal

2 tazas de caldo de res

2 tomates, sin semillas y picados

2 dientes de ajo, picados

8 onzas de salsa de tomate

1 hoja de laurel

1 cebolla grande, pelada y picada

4 zanahorias grandes, peladas y cortadas en trozos de 1 pulgada

2 tallos de apio, cortados en trozos de 1 pulgada

2 papas para hornear, peladas y cortadas en cubos de 1 pulgada

1 cucharadita de sal

½ cucharadita de pimienta negra

Coloque la harina en un tazón, agregue la carne y revuelva para cubrir bien. Agregue el aceite a una olla grande a fuego medio. Agregue la carne de res unas pocas piezas a la vez; no congestione la carne. Cocine, volteando las piezas de carne hasta que estén doradas por todos lados, aproximadamente 5 minutos por tanda; agregue más aceite según sea necesario entre tandas.

Retire la carne de la olla y agregue el caldo de carne. Cocine a fuego medio-alto, raspando la sartén con una cuchara de madera para aflojar los pedacitos dorados. Agregue carne, tomates, salsa de tomate, ajo, y hojas de laurel. Llevar a ebullición, luego reducir a fuego lento.

Tape y cocine, quitando el caldo de vez en cuando, hasta que la carne esté tierna, aproximadamente 1 ½ horas. Agregue cebollas, zanahorias, y apio y cocine a fuego lento, tapado, durante 10 minutos. Agregue las papas y cocine a fuego lento hasta que las verduras estén tiernas, unos 30 minutos más. Agregue caldo o agua si el guiso se seca. Sazone con sal y pimienta al gusto.

PASTEL DE CARNE

1 cebolla mediana, finamente picada

1 taza de apio finamente picado

2 dientes de ajo, picados

2 cucharadas de aceite vegetal

1 ½ libras de carne molida baja en grasa

2 rebanadas de pan blanco, sin corteza y en cubitos

1 huevo, ligeramente batido

1 cucharada de salsa Worcestershire

1 cucharada de sal

1 cucharadita de pimienta negra

1 taza de guisantes congelados, descongelados

1 taza de salsa de tomate

Precaliente el horno a 350° F.

Caliente el aceite vegetal en una sartén a fuego medio. Agregue cebollas y apio, y cocine hasta que se ablanden, alrededor de 5 a 7 minutos. Agregue el ajo y cocine por un minuto adicional. Retire del fuego y enfríe un poco.

Coloque carne molida, pan, huevo, salsa Worcestershire, sal, y pimienta negra en un tazón grande. Agregue las verduras enfriadas y mezcle bien para combinar. Agregue los guisantes y mezcle lentamente y con cuidado.

Presione la mezcla en un molde para pan sin engrasar de 8 x 4 pulgadas. Extienda la salsa de tomate uniformemente sobre la parte superior. Hornear durante 50 a 60 minutos. Enfriar durante 10 minutos antes de retirar de el molde.

Cortar en rodajas y servir.

ARROZ CON POLLO FACIL

1 pollo entero, cortado en 8 piezas

2 cucharadas de aceite de oliva extra virgen

2 tazas de salsa envasada preparada

3 tazas de arroz blanco, enjuagado hasta que el agua corre claro

2 tazas de caldo de pollo o agua

1 taza de guisantes y zanahorias congelados, descongelados

Tarro de 6 onzas de aceitunas verdes rellenas de pimiento, escurridas

2 cucharadas de alcaparras, escurridas

Sazone el pollo generosamente con sal y pimienta. Caliente 2 cucharadas de aceite de oliva en una sartén grande a fuego medio. Agregue el pollo y dore por todos lados. Agregue salsa y caldo de pollo; revuelva hasta que se caliente. Agregue arroz, aceitunas, y alcaparras. Cubra la cacerola y cocine durante 10 a 15 minutos. Agregue guisantes y zanahorias a la parte superior del arroz. Cubra y cocine por otros 5 a 10 minutos hasta que el pollo esté bien cocido y el arroz esté tierno. Retirar del fuego y servir.

ROPA VIEJA

CARNE

1 libra de bistec de falda

1 cebolla mediana, en cuartos

2 dientes de ajo, triturados

1 cucharadita de sal

¼ cucharadita de pimienta negra

1 cucharadita de orégano seco

3-4 hojas de culantro

4 tazas de caldo de res

SALSA

3 cucharadas de aceite de oliva extra virgen

2 dientes de ajo, picados

1 cebolla pequeña, en rodajas finas

1 pimiento verde, en rodajas

1 frasco de 4 onzas de pimientos picados y escurridos

2 hojas de culantro

2 cucharadas de pasta de tomate

½ cucharadita de condimento de achiote

½ cucharadita de orégano seco

Sal y pimienta al gusto

Agregue el bistec de falda a una olla grande con cebolla, ajo, sal, pimienta, orégano, y culantro. Vierta el caldo de res por encima y agregue más agua según sea necesario para cubrir 1 pulgada. Llevar a fuego medio-alto. Reduzca el fuego a bajo, cubra y cocine a fuego lento durante dos horas, o hasta que la carne esté tierna.

Retire la carne, reserve el caldo y deseche las verduras. Deshilache la carne en tiras del tamaño de un bocado. Dejar de lado.

Caliente el aceite en una sartén grande a fuego medio. Agregue el ajo y cocine de 2 a 3 minutos. Agregue cebolla y pimiento. Saltee durante 4 a 5 minutos, o hasta que las verduras hayan comenzado a ablandarse. Agregue pimientos, culantro, pasta de tomate, achiote, y orégano. Agregue 1 taza de caldo de res reservado y carne a la sartén. Revuelva para combinar, deje que hierve. Reduzca el fuego a bajo, cubra y cocine a fuego lento durante 10 minutos. Agregue más caldo según sea necesario para mantener húmeda la mezcla de carne.

Esta receta es deliciosa servida con arroz blanco o amarillo.

ENSALADA DE POLLO REAL

4 tazas de pollo cocido picado

2 papas rojizas grandes, hervidas, peladas, y en cubos

16 onzas de guisantes y zanahorias congelados, descongelados y escurridos

Lata de 14 onzas de puntas de espárragos, escurridas

4 manzanas dulces, sin semillas y picadas

3 tallos de apio, picados

2 huevos duros grandes, picados

3 huevos duros grandes, rebanados

2 tazas de mayonesa

½ taza de encurtidos de eneldo picados

2 cucharadas de alcaparras

1 taza de aceitunas verdes sin semillas

Sal y pimienta negra al gusto

Lata de 14 onzas de remolachas cortadas, escurridas

1 cabeza de lechuga iceberg pequeña

Combine el pollo, papas, guisantes, zanahorias, espárragos, remolachas, manzanas, apio, y huevos picados en un tazón grande para mezclar. Agregue mayonesa, pepinillos, alcaparras, y aceitunas y revuelva bien para combinar. Agregue más mayonesa según sea necesario. Sazone al gusto con sal y pimienta negra. Refrigere de 2 a 3 horas.

Para servir, prepare un plato grande con hojas de lechuga iceberg. Espolvoree las remolachas escurridas sobre las hojas de lechuga. Vierta la ensalada de pollo preparada y decore con huevos rebanados.

POLLO AL REY

- 4 cucharadas de mantequilla
- 2 yemas de huevo
- 4 onzas de champiñones, en rodajas
- 2 tazas de pollo cocido, en cubos
- 1 pimiento, en rodajas finas
- 1 frasco de 4 onzas de pimientos en rodajas, escurridos
- 1 diente de ajo, picado
- ½ taza de guisantes congelados, descongelados
- ¼ taza de harina para todo uso
- ½ taza de aceitunas rellenas de pimiento, escurridas y picadas
- 1 taza de leche
- 2 hojas de masa de hojaldre descongelada
- 1 taza de caldo de pollo
- 1 huevo batido con 2 cucharadas de agua
- 1 cucharadita de sal
- ½ cucharadita de pimienta negra

Derrita la mantequilla en una sartén grande a fuego medio. Agregue los champiñones y saltee hasta que se doren. Agregue pimientos verdes y ajo; cocine por otros 5 a 6 minutos hasta que se ablanden. Agregue la harina y cocine durante 4 a 5 minutos, revolviendo constantemente. Incorpore lentamente leche y caldo de pollo, evitando los grumos. Condimentar con sal y pimienta. Lleve la mezcla a ebullición y cocine durante 1 a 2 minutos o hasta que la mezcla se haya espesado. Retirar del fuego y batir rápidamente las yemas de huevo hasta que estén bien combinados.

Regrese al fuego, agregue el pollo cocido, pimientos, guisantes, y aceitunas. Llevar a fuego lento, reducir el fuego a bajo y cocinar durante 5 minutos. Ajuste la sazón según sea necesario. Mantener caliente y preparar conchas.

Precaliente el horno a 425° F. Bata el huevo y el agua en un tazón pequeño.

Corte seis cuadrados, de aproximadamente 5" x 5", de cada hoja de hojaldre con un cuchillo afilado. Coloque cada cuadrado en una bandeja para hornear sin engrasar. Con un cuchillo afilado, marque ligeramente un borde de 1 pulgada alrededor de cada cuadrado. Cepille cada cuadrado con la mezcla de huevo.

Hornee en el horno precalentado hasta que esté hinchado y dorado, de 20 a 25 minutos. Retire con cuidado el centro de cada hojaldre y guárdelo para decorar, si lo desea. Vierta el relleno preparado en cada caparazón y sirva.

El relleno también es delicioso servido sobre arroz, fideos, o como relleno para un pastel de olla.

POLLO RELLENO

POLLO

1 pollo entero, 3 – 3 ½ libras

1 cucharada de salsa Worcestershire

1 cucharada de vinagre blanco

2 dientes de ajo, picados

¼ taza de aceite de oliva

½ cucharadita de sal

¼ cucharadita de pimienta negra

3 zanahorias, peladas y cortadas en trozos de 2 pulgadas

1 cebolla mediana, en cuartos

2 papas Russet grandes, peladas y cortadas en trozos de 2 pulgadas

RELLENO

½ libra de carne molida de cerdo

¼ de libra de jamón cocido, finamente picado

1 pimiento verde, sin semillas y picado

1 cucharada de alcaparras, escurridas

1 cucharada de encurtidos de eneldo picados

2 cucharadas de pasas oscuras

½ cucharadita de sal

¼ cucharadita de pimienta negra

1 taza de vino blanco seco

Precaliente el horno a 350° F.

Lave el pollo por dentro y por fuera y séquelo bien con un papel toalla.

Agregue salsa Worcestershire, vinagre, aceite de oliva, sal, pimienta, y ajo a un tazón pequeño y revuelva para combinar. Frote la mezcla por todo el pollo. Ponga a un lado para marinar.

Combine carne de cerdo, jamón, pimiento, alcaparras, pepinillos, pasas, sal, y pimienta en un tazón. Rellenar la cavidad del pollo con la mezcla. Coloque el pollo en una asadera. Esparza las papas, zanahorias, y cebolla alrededor del pollo. Vierta vino blanco alrededor del pollo.

Hornee durante 60 a 75 minutos, o hasta que el relleno esté bien cocido. Retire del horno, cubra con papel aluminio y deje reposar durante 15 minutos. Retirar el relleno, trocear el pollo y servir con las verduras asadas.

Prepare una salsa de pan, si lo desea.

PAVO DE NAVIDAD

Pavo de 20 a 22 libras, limpio y seco

5 cebollas verdes, en rodajas finas

2 tazas de vino blanco seco

4 tallos de apio, picados

2 libras de lomo de cerdo, sin exceso de grasa

Lata de 28 onzas de tomates cortados en cubitos, escurridos

2 libras de ojo de ronda

2 latas de 6 onzas de pasta de tomate

Cuello y menudillos de pavo, menos el hígado

1 taza de pasas oscuras

5 dientes de ajo

1 taza de almendras blanqueadas

1 cebolla grande

16 onzas de aceitunas verdes rellenas, escurridas

1 cucharada de sal

4 onzas de alcaparras, escurridas

4 rebanadas de tocino

¼ taza de aceite de achiote

2 pimientos verdes grandes, sin semillas y picados

Sal y pimienta negra molida

Si lo desea, inyecte vino blanco en el pavo y déjelo marinar durante 24 horas antes de asarlo.

Coloque el cuello y las menudencias de cerdo, res, y pavo en una olla grande con sal, ajo y cebolla. Cubrir con agua fría. Lleve a ebullición a fuego alto, reduzca el fuego a bajo y cocine a fuego lento durante una hora o hasta que la carne esté tierna. Escurra, deseche el ajo y la cebolla, reservando 2 tazas de líquido de cocción. Enfriar un poco.

Corte o desmenuce la carne en trozos grandes, agréguelos al recipiente de un procesador de alimentos equipado con una cuchilla de acero. Procese la carne en tandas hasta que tenga la textura de carne molida cocida. Agregue una pequeña cantidad de líquido de cocción según sea necesario para ayudar a procesar la carne. Transfiera a un plato mezclador más grande.

Cocine el tocino en una sartén grande hasta que esté crujiente. Retire el tocino de la sartén y déjelo a un lado para que se escurra. Agregue pimientos verdes, cebollas, y apio a la sartén con la grasa de tocino, cocine de 5 a 6 minutos hasta que las verduras estén ligeramente blandas. Ponga a un lado para enfriar.

Agregue las verduras enfriadas a la mezcla de carne junto con tomates, pasta de tomate, pasas, almendras, aceitunas, alcaparras, pimiento, y tocino reservado. Mezclar muy bien para combinar.

Coloque la pechuga del pavo hacia arriba sobre una rejilla en una asadera grande. Rellene las cavidades del pavo con la mezcla de carne preparada. Coloque cualquier exceso de relleno alrededor del pavo en la asadera. Cepille el pavo con aceite de achiote y sazone el exterior del pavo con sal y pimienta. Agregue una taza de agua o vino blanco a la asadera.

Hornee a 325° F, hasta que un termómetro para carne registre 170° F en la pechuga o el relleno y 180° F en el muslo, aproximadamente 5 horas. Cuando el pavo esté ⅔ cocido, cubra la pechuga sin apretar con un trozo de hoja de aluminio para evitar que se queme la piel. Mueva el pavo sobre un plato y deje reposar durante 15 minutos antes de cortar. Retire el relleno del pavo y sírvalo con el pavo rebanado.

ESPAGUETI CON SALSA DE CARNE PICANTE

¼ de libra de tocino rebanado, cortado en trozos de 1 pulgada

1 libra de carne molida baja en grasa

1 pimiento verde picado

2 cebollas medianas, picadas

1 chile jalapeño, sin semillas y picado

1 diente de ajo, picado

1 cucharada de chile en polvo

1 lata pequeña de champiñones rebanados, escurridos

8 onzas de salsa de tomate en lata

Lata de 6 onzas de pasta de tomate

1 taza de agua

1 libra de espaguetis secos

½ taza de queso Parmesano rallado

Sal y pimienta al gusto

Cocine el tocino picado en una sartén grande a fuego medio hasta que esté dorado y ligeramente crujiente. Agregue la carne molida y sazone con sal y pimienta; cocine hasta que se dore, alrededor de 7 a 10 minutos. Agregue cebolla, pimiento verde, jalapeño, y ajo, y cocine hasta que la cebolla y pimientos se hayan ablandado. Sazone con chile en polvo, sal, y pimienta y cocine de 1 a 2 minutos. Agregue champiñones, salsa de tomate, pasta de tomate, y agua. Reduzca el fuego a bajo y cocine a fuego lento sin tapar durante 15 minutos, o hasta que la salsa se haya espesado.

Mientras la mezcla de carne hierve a fuego lento, cocine los espaguetis en una olla grande con agua hirviendo con sal. Cocine según las instrucciones del paquete hasta que esté al dente. Escurra la pasta y mézclela junto con la mezcla de carne en un tazón grande.

Espolvorear con queso rallado y servir.

MACARRONES CON SALSA DE QUESO

12 onzas de macarrones crudos

4 cucharadas de mantequilla

1 cucharada de maicena

1 taza de leche

¼ de libra de queso Cheddar, rallado

¼ cucharadita de pimienta negra

2 yemas de huevo grandes

¼ taza de queso Parmesano rallado

Sal y pimienta negra al gusto

Precaliente el horno a 350° F. Cubra un molde para hornear con mantequilla o aceite en aerosol. Dejar a un lado.

Cocine los macarrones en agua hirviendo con sal hasta que estén al dente, alrededor de 10 a 12 minutos.

Mientras se cocina la pasta, derrita la mantequilla en una olla a fuego medio. Batir la maicena. Batir lentamente la leche para evitar grumos. Lleve la mezcla a fuego lento, agregue el queso Cheddar y la pimienta negra y revuelva hasta que el queso se derrita y se forme una salsa suave. Retire del fuego y enfríe un poco. Agregue rápidamente las yemas de huevo para evitar cocinar los huevos. Cubra y mantenga caliente hasta que la pasta termine de cocinarse.

Escurrir bien la pasta. Vuelva a agregar a la olla y agregue la salsa de queso preparada. Vierta la mezcla en el molde para hornear preparado y espolvoree con queso Parmesano rallado. Hornee durante 15 a 20 minutos, o hasta que burbujee alrededor de los bordes y se forme una costra de color marrón claro.

MACARONES A LA MILANESA

1 libra de pasta de coditos

6 onzas de pasta de tomate

2 cucharadas de mantequilla

1 cucharada de alcaparras picadas

8 onzas de champiñones, en rodajas

¼ taza de aceitunas verdes picadas

2 cebollas medianas, picadas

1 cucharada de vinagre blanco

2 pimientos verdes grandes, picados

1 cucharada de salsa Worcestershire

4 tallos de apio, picados

½ taza de queso Parmesano rallado

2 zanahorias, ralladas

Sal y pimienta negra molida

3 dientes de ajo, picados

1 libra de carne molida baja en grasa

1 taza de vino tinto seco

Caliente dos cucharadas de mantequilla en una sartén profunda a fuego medio alto. Agregue los champiñones en rodajas y cocine hasta que estén dorados. Agregue cebollas, apio, pimientos, y zanahorias a la sartén, sazone con sal y pimienta y cocine hasta que las verduras se hayan ablandado. Agregue el ajo y cocine hasta que esté fragante, aproximadamente 1 minuto. Retire las verduras de la sartén.

Agregue la carne molida a la sartén, sazone con sal y pimienta. Cocine durante 8 a 10 minutos, hasta que la carne molida esté dorada. Agregue vino tinto a la sartén y deje reducir a la mitad. Agregue la pasta de tomate, revuelva para combinar y cocine durante 3 a 4 minutos. Agregue las verduras reservadas junto con alcaparras, aceitunas, vinagre, y salsa Worcestershire. Cubra y reduzca el fuego y cocine a fuego lento mientras se cocinan los macarrones.

Prepare la pasta de coditos según las instrucciones del paquete. Escurrir por completo. Agregue los coditos a la salsa de carne y revuelva para combinar.

Espolvorear con queso Parmesano y servir.

CANELONES RELLENOS

1 libra de pasta de canelones

1 libra de carne de cerdo molida

1 libra de carne de res molida

2 cebollas medianas, picadas

2 pimientos verdes, cortados en cubitos

4 dientes de ajo, picados

1 lata de 6 onzas de pasta de tomate

16 onzas de salsa marinara preparada

1 taza de agua

1 huevo batido

1 taza de queso Parmesano rallado, dividido

Sal y pimienta negra

En una sartén grande, saltee carne de cerdo y carne de res molida hasta que se doren, rompiendo trozos grandes. Condimentar con sal y pimienta. Agregue cebollas, pimientos, y ajo y cocine hasta que las verduras se hayan ablandado. Agregue pasta de tomate, salsa marinara, y agua. Cocine durante 10 a 15 minutos hasta que la mezcla se haya espesado ligeramente. Agregue rápidamente el huevo batido y 3 cucharadas de queso Parmesano. Retirar del fuego y dejar enfriar.

Precaliente el horno a 350° F. Engrase un molde para hornear de 13 x 9 pulgadas.

Rellenar cada canelón con la mezcla de carne enfriada y colocar en el molde. Cubra los canelones con la mezcla de carne restante y espolvoree con el queso Parmesano restante. Cubra con papel aluminio y hornee por 20 minutos. Retire el papel aluminio y hornee por otros 10 minutos hasta que estén dorados.

POSTRES

PASTEL DE RON FACIL

DULCE

1 taza de nueces o pecanas finamente picadas

1 caja de mezcla para pastel amarillo

4 huevos grandes

½ taza de agua

½ taza de aceite vegetal

¾ taza de ron oscuro Panameño

GLASEADO

1 taza de azúcar granulada

½ taza de mantequilla

½ taza de ron oscuro Panameño

¼ taza de agua

Precaliente el horno a 325° F. Engrase un molde Bundt con mantequilla o rociado con aceite en aerosol.

Vierta las nueces picadas de manera uniforme en el fondo de el molde.

Mezcle la mezcla para pastel, huevos, agua, aceite, y ron en un tazón. Batir durante 2 minutos con una batidora eléctrica. Vierta la masa preparada en el molde. Hornee durante 50 a 60 minutos, hasta que al insertar un palillo en el centro, éste salga limpio. Retire del horno y deje enfriar durante 5 minutos.

Prepare el glaseado mientras el pastel se enfría. Combine todos los ingredientes del glaseado en una cacerola mediana e hierva a fuego medio. Reduzca el fuego y revuelva hasta que el azúcar se disuelva. Vierta el glaseado caliente uniformemente sobre el pastel.

Enfríe el pastel por completo antes de invertirlo en un plato para servir. Espolvoree el pastel con azúcar en polvo, si lo desea.

GALLETAS DE VINAGRE

1 taza de mantequilla, a temperatura ambiente

¾ taza de azúcar granulada

1 huevo grande

1 cucharadita de extracto de vainilla

1 cucharada de vinagre blanco

2 tazas de harina para todo uso

½ cucharadita de nuez moscada molida

1 cucharadita de bicarbonato de sodio

Azúcar de colores o sprinkles (opcional)

Precaliente el horno a 350° F. Cubra dos bandejas para hornear con papel pergamino.

En el tazón de una batidora, mezcle mantequilla y azúcar hasta que quede cremoso. Bata huevo, vainilla, y vinagre. Agregue gradualmente harina, nuez moscada, y bicarbonato de sodio y bata a velocidad media hasta que se combinen.

Enrolle en bolas de 1 pulgada y colóquelas a 2 pulgadas de distancia en las bandejas para hornear preparadas. Aplane cada bola hasta que tenga un grueso de aproximadamente ¼ de pulgada. Repita con la masa restante. Hornee de 8 a 10 minutos, hasta que las galletas estén firmes y los bordes estén dorados. Enfriar por un minuto, luego retirar a una rejilla para enfriar completamente.

Guarde las galletas en un recipiente hermético.

MERENGUES

3 claras de huevo grandes, a temperatura ambiente

1 cucharadita de extracto de vainilla

¼ de cucharadita de crema tártara

Pizca de sal

⅔ taza de azúcar granulada

Precaliente el horno a 200° F. Cubra dos bandejas para hornear con papel pergamino.

Agregue claras de huevo, vainilla, sal, y crema tártara en un tazón grande para mezclar. Bata hasta que la mezcla esté espumosa y se formen picos suaves. Poco a poco agregue el azúcar 1 cucharada a la vez, batiendo durante 15 segundos entre cada adición. Una vez que se haya agregado todo el azúcar, bata de 5 a 7 minutos más, hasta que esté firme y brillante.

Transfiera la mezcla a una manga pastelera grande provista de una punta de estrella. Coloque galletas de 1 ½ pulgada en las bandejas para hornear forradas, dejando 1 pulgada entre cada galleta.

Hornear durante 45 minutos hasta que estén firme. Apague el horno, dejando los merengues en el horno durante 1 hora.

Retire y enfríe completamente antes de guardarlos en un recipiente hermético.

COCADAS PANAMEÑAS

1 taza de miel

2 tazas de coco rallado sin azúcar

2 palitos de canela

Rocíe una bandeja para hornear con aceite aerosol. Dejar de lado.

Mezcle la miel y el coco en una cacerola. Agregue palitos de canela. Lleve la mezcla a ebullición a fuego medio. Continúe revolviendo hasta que la miel comience a caramelizarse y la mezcla adquiera un color dorado intenso, aproximadamente 5 minutos.

Vierta la mezcla en la bandeja preparada y retire los palitos de canela. Enfriar a temperatura ambiente.

Cubra sus manos con aceite en aerosol. Enrolle cucharadas redondeadas de la mezcla en bolas pequeñas, colocando cada bola sobre papel pergamino. Servir a temperatura ambiente.

GALLETAS QUE SE DISUELVEN EN LA BOCA

1 libra de maicena

1 taza de azúcar granulada

1 cucharadita de canela molida

3 huevos grandes, ligeramente batidos

¼ taza de mantequilla, derretida y enfriada

½ cucharadita de extracto de vainilla

Precaliente el horno a 350° F. Cubra dos bandejas para hornear con papel pergamino.

Tamice maicena, azúcar granulada, y canela en un tazón grande para mezclar. Agregue los huevos, vainilla, y mantequilla y mezcle hasta que se forme una masa dura. Rompa trozos de masa y enróllelos en un tubo delgado de 3 pulgadas. Forme cada cuerda en una espiral y colóquela en la bandeja preparada.

Hornee durante 15 a 20 minutos, o hasta que estén ligeramente doradas. Retire a una rejilla para que se enfríe por completo.

Almacenar en un recipiente hermético.

SANDIES DE NUECES PECANAS

1 taza de mantequilla, a temperatura ambiente

1/3 taza de azúcar granulada

¼ cucharadita de sal

2 cucharaditas de agua

2 cucharaditas de extracto de vainilla

2 tazas de harina para todo uso

2 tazas de pecanas molidas

2 tazas de azúcar en polvo, tamizada

En un tazón grande, mezcle mantequilla y azúcar granulada hasta que quede cremoso. Agregue sal, agua, vainilla, harina, y nueces y mezcle bien. Cubra y enfríe la masa durante una hora.

Precaliente el horno a 325° F. Cubra dos bandejas para hornear con papel pergamino.

Forme la masa fría en bolitas pequeñas de aproximadamente 1 pulgada de diámetro. Coloque en una bandeja para hornear con una separación de 1 pulgada. Hornear durante 12 a 14 minutos. Deje que las galletas se enfríen un poco y luego páselas por azúcar en polvo.

Deje enfriar por completo y guárdelas en un recipiente hermético.

PASTEL DE PIÑA

1 taza de mantequilla, a temperatura ambiente

2 tazas de azúcar granulada

4 huevos grandes, separados

1 ½ tazas de piña triturada en jugo, bien escurrida

1 cucharadita de extracto de vainilla

½ cucharadita de extracto de limón

¼ de cucharadita de extracto de almendras

3 ½ tazas de harina para todo uso

½ cucharadita de bicarbonato de sodio

1 cucharada de levadura en polvo

½ cucharadita de sal

Precaliente el horno a 350° F. Cubra un molde de hornear de 13 x 9 pulgadas con aceite en aerosol.

En un tazón mediano, bata las claras de huevo a picos rígidos, teniendo cuidado de no batir demasiado. Dejar de lado.

Batir harina, bicarbonato de sodio, polvo de hornear, y sal en un tazón pequeño. En otro tazón grande, bata mantequilla y azúcar hasta que la mezcla esté cremosa. Agregue las yemas de huevo una a la vez, batiendo después de cada adición. Agregue la piña triturada y los extractos y mezcle bien. Batir la mezcla de harina, solo hasta que se mezclen. Agregue las claras de huevo reservadas hasta que estén bien incorporadas, conservando el mayor volumen posible.

Vierta la masa en el molde preparado. Hornear por 25 a 30 minutos o hasta que al insertar un palillo en el centro, éste salga limpio.

Dejar enfriar completamente sobre una rejilla.

PASTEL DE TRES LECHES

1 taza de harina para todo uso

1 ½ cucharaditas de polvo de hornear

¼ cucharadita de sal

5 huevos grandes, a temperatura ambiente

1 taza de azúcar granulada, dividida

1 cucharadita de extracto de vainilla

1/3 taza de leche

1 lata de leche evaporada

1 lata de leche condensada azucarada

2 tazas de crema espesa

¼ taza de azúcar en polvo

Fresas, frambuesas, o cerezas al marrasquino para decorar

Precaliente el horno a 350° F. Cubra la superficie de un molde de vidrio de 13 x 9 pulgadas con aceite en aerosol. Dejar de lado.

Agregue harina, polvo de hornear, y sal a un tazón grande. Batir para combinar. Separe los huevos en dos tazones para mezclar. Bata las claras de huevo a alta velocidad hasta que se formen picos suaves. Agregue lentamente ¼ de taza de azúcar y bata hasta que las claras de huevo formen picos rígidos, pero no secos.

Bata las yemas de huevo con los ¾ de taza de azúcar restantes a velocidad alta hasta que las yemas estén de color amarillo pálido. Agregue leche y extracto de vainilla. Vierta la mezcla de yema de huevo sobre la mezcla de harina y revuelva suavemente para combinar. Incorpore las claras de huevo hasta que se mezclen. Extienda la mezcla uniformemente en el molde preparado.

Hornee durante 25 a 30 minutos o hasta que al insertar un palillo en el centro, éste salga limpio. Enfríe el pastel en una rejilla durante 5 minutos y luego perfore suavemente el pastel con una brocheta o un tenedor.

Combine leche evaporada, leche condensada, y ¼ de taza de crema espesa en una jarra pequeña. Rocíe lentamente la mezcla de leche sobre la parte superior y los lados del pastel.

Cubra y coloque el pastel en el refrigerador y permita que el pastel absorba la mezcla de leche durante 2 horas o toda la noche.

Para glasear el pastel, bata la 1 ¾ taza de crema espesa restante con azúcar en polvo hasta que espese y se pueda untar. Extender sobre la superficie de el pastel. Decore el pastel con frutas, si lo desea. Cortar en cuadrados y servir.

BOLTEADO DE PIÑA FACIL

¼ taza de mantequilla

1 taza de azúcar morena envasada

1 lata de 20 onzas de piña triturada en jugo, escurrida, jugo reservado

1 tarro de 6 onzas de cerezas al marrasquino, sin semillas

1 caja de mezcla para pastel amarillo

3 huevos

½ taza de aceite vegetal

Precaliente el horno a 350° F.

En un molde de 13 x 9 pulgadas, derrita la mantequilla en el horno. Espolvoree azúcar moreno uniformemente sobre la mantequilla. Coloque las cerezas uniformemente sobre el azúcar. Espolvoree la piña triturada de manera uniforme sobre azúcar moreno.

Agregue suficiente agua al jugo de piña reservado para medir 1 taza, si es necesario. En un tazón, combine mezcla para pastel, huevos, aceite vegetal, y jugo de piña. Mezcle bien para combinar. Vierta la masa sobre la piña y cerezas, esparciendo uniformemente.

Hornee durante 40 a 45 minutos o hasta que al insertar un palillo en el centro, éste salga limpio. Inmediatamente pase un cuchillo por los lados del molde para aflojar el pastel. Coloque el plato para servir resistente al calor boca abajo sobre el molde; voltee el plato y el molde. Deje el molde sobre el pastel durante 5 minutos para que el azúcar moreno y la cubierta de piña puedan rociarse sobre el pastel; retire el molde. Enfriar 30 minutos.

Sirva tibio o frío. Almacene cubierto en el refrigerador.

ANGEL FOOD CAKE CON GLASEADO DE FRESAS

PASTEL

1 ¼ tazas de claras de huevo (alrededor de 8 o 9 huevos)

¼ cucharadita de sal

1 cucharadita de créma tártara

1 ½ tazas de azúcar granulada

1 taza de harina para pastel, tamizada

1 cucharadita de extracto de almendras

½ cucharadita de extracto de almendras

SALSA DE FRESA

1 pinta de fresas frescas

3 cucharadas de azúcar

1 cucharada de almidón de maíz

¼ taza de agua

1 cucharada de jugo de limón

Precaliente el horno a 350° F. Coloque la rejilla del horno en la posición más baja.

Tamizar juntos la harina y ½ taza de azúcar. Repita varias veces. Dejar de lado.

Coloque las claras de huevo a temperatura ambiente en un tazón grande. Agregue crema tártara, extractos, y sal a las claras de huevo; batir a velocidad media hasta que se formen picos suaves. Agregue gradualmente 1 taza de azúcar, aproximadamente 2 cucharadas a la vez, batiendo a velocidad alta hasta que se formen picos rígidos. Agregue gradualmente la mezcla de harina, aproximadamente 1/2 taza a la vez.

Cucharee suavemente en un molde bundt de 10 pulgadas sin engrasar. Corte la masa con un cuchillo para eliminar las bolsas de aire. Hornee hasta que esté ligeramente dorado y toda la parte superior parezca seca, de 35 a 40 minutos. Invierta inmediatamente el molde; enfriar completamente, alrededor de 1 hora. Prepare la salsa de fresa mientras el pastel se enfría.

Triturar las fresas; dejar de lado. Combine azúcar, maicena, y agua en una cacerola pequeña hasta que quede suave. Llevar a ebullición a temperatura media; cocine y revuelva durante 2 minutos o hasta que espese. Agregue las fresas; retirar del fuego. Agregue el jugo de limón. Transferir a un tazón pequeño. Refrigere hasta que se enfríe.

Cuando el pastel se haya enfriado, pase un cuchillo por los lados y el centro del molde. Retire el pastel a un plato para servir. Cortar en rodajas y servir con la salsa de fresa enfriada.

CHEESECAKE DE FRESAS

1 paquete de 7 onzas de galletas María

¼ taza de mantequilla derretida

6 huevos grandes, separados

2 tazas de azúcar granulada

1 taza de queso cottage cuajado pequeño

8 onzas de queso crema, a temperatura ambiente

1 taza de crema agria

1 cucharada de extracto de vainilla

Lata de 21 onzas de relleno de pastel de fresa u otro sabor favorito

Precaliente el horno a 350° F.

Coloque las galletas María en el tazón de un procesador de alimentos y procese hasta que se formen migas finas. Agregue mantequilla derretida y pulse hasta que la mezcla tenga la consistencia de arena mojada. Transfiera la mezcla a un molde para hornear de vidrio de 13 x 9 pulgadas y presione las migas firmemente en el fondo de el molde.

En un tazón grande, bata las claras de huevo hasta que se formen picos rígidos. Dejar de lado.

Agregue el queso cottage a un tazón de un procesador de alimentos equipado con una hoja de acero. Procese el queso cottage hasta que quede suave. Transfiera a un tazón grande y agregue azúcar, queso crema, crema agria, y vainilla y bata hasta que estén bien combinados. Agregue con cuidado las claras de huevo, conservando la mayor cantidad de volumen posible. Vierta la mezcla sobre la corteza preparada y distribuya uniformemente. Hornee durante una hora hasta que se cuaje en el centro. Retire del horno a una rejilla para enfriar y deje que se enfríe por completo.

Refrigere por cuatro horas o más. Retire del refrigerador y cubra con relleno de pastel de fresa. Cortar en cuadrados y servir.

PASTEL DE ZANAHORIAS

1 ½ tazas de harina para todo uso

2 cucharadas de bicarbonato de sodio

2 cucharadas de canela molida

1 cucharadita de sal

2 tazas de azúcar granulada

1 ½ tazas de aceite vegetal

2 cucharadas de extracto de vainilla

4 huevos grandes

3 tazas de zanahorias finamente ralladas

½ taza de nueces picadas

1 ½ taza de conserva de picadillo de fruta

Precaliente el horno a 350° F. Engrase un molde para hornear cuadrado o redondo de 9 pulgadas con aceite en aerosol. Cubra el fondo de el molde con papel pergamino.

Tamice harina, bicarbonato de sodio, canela, y sal en un tazón grande para mezclar. En otro tazón, combine azúcar, aceite vegetal, vainilla, y huevos con una batidora eléctrica a velocidad media hasta que se mezclen. Con la batidora a baja velocidad, agregue la mezcla de harina e incorpore bien. Agregue zanahorias, nueces, y conserva de picadillo de fruta hasta que se mezclen.

Vierta la mezcla en el molde preparado y hornee de 40 a 45 minutos, hasta que al insertar un palillo en el centro, éste salga limpio. Retire del horno y enfríe completamente. Escarche el pastel enfriado con glaseado de queso crema, si lo desea.

PIE DE MANZANA TRADICIONAL

RELLENO

4 o 5 manzanas, peladas y sin semillas

½ taza de azúcar granulada

1 cucharadita de canela molida

¼ de cucharadita de nuez moscada molida

½ cucharadita de sal

2 cucharadas de harina para todo uso

1 cucharada de jugo de limón

1 cucharada de mantequilla

CORTEZA

2 ¼ taza de harina para todo uso, tamizada

¾ taza de manteca vegetal

1 cucharadita de sal

¼ taza de agua helada

1 huevo grande, batido

1 cucharada de azúcar granulada

Mida la manteca vegetal y colóquela en el refrigerador mientras prepara la mezcla de harina. Coloque harina y sal en el recipiente de un procesador de alimentos equipado con una cuchilla de acero y pulse varias veces para mezclar. Agregue la manteca. Pulse de 8 a 12 veces, hasta que la mezcla tenga el tamaño de guisantes. Con la máquina en funcionamiento, vierta el agua helada por el tubo de alimentación y presione la máquina hasta que la masa comience a formar una bola. Vierta la mezcla sobre una tabla enharinada y forme una bola. Envuélvalo en una envoltura de plástico y refrigere por 30 minutos.

Corte la masa por la mitad. Enrolle cada pieza en una tabla bien enharinada en un círculo, rodando desde el centro hacia el borde, girando y enharinada la masa para asegurarse de que no se pegue a la tabla. Doble la masa por la mitad, colóquela en un molde para pastel de 9 pulgadas, despliegue para que quepa en el molde. Repita con la corteza superior y refrigere ambos y prepare el relleno.

En un tazón pequeño, combine azúcar, harina, y especias; dejar de lado. En un tazón grande, mezcle las manzanas con jugo de limón. Agregue la mezcla de azúcar; revuelva para cubrir.

Rellene la corteza preparada con la mezcla de manzana y salpique con mantequilla. Cubra con la corteza superior. Recorte, selle, y engarce los bordes como desee. Corte varios orificios de ventilación de vapor en la corteza. Pincelar con huevo batido y espolvorear con azúcar.

Hornee en un horno precalentado a 375° F hasta que la corteza esté dorada y los jugos burbujeen, aproximadamente 1 hora. Deje enfriar sobre una rejilla antes de servir.

NATILLAS DE CALABAZA

Lata de 15 onzas de puré de calabaza

2 cucharadas de mantequilla derretida

1 taza de crema espesa

1 taza de azúcar granulada

1 taza de harina para todo uso

4 huevos, ligeramente batidos

¼ cucharadita de sal

2 cucharaditas de extracto de vainilla

Precaliente el horno a 350° F. Unte con mantequilla un molde para pastel redondo de 8 pulgadas.

Combine todos los ingredientes en un tazón mediano y mezcle bien. Vierta la mezcla en el molde preparado. Hornee durante 40 a 45 minutos, o hasta que el centro esté firme y un palillo insertado en el centro salga limpio.

Enfríe completamente sobre una rejilla y luego inviértalo en un plato de pastel para servir.

FLAN DE CÓCTEL DE FRUTAS

6 huevos grandes

1 ½ tazas de azúcar granulada, dividida

1 taza de leche

½ cucharadita de sal

2 cucharaditas de extracto de vainilla

¼ de cucharadita de nuez moscada molida

1 lata de 20 onzas de coctel de frutas en sirope, escurrida

Precaliente el horno a 350° F.

Batir los huevos en un recipiente grande. Agregue 1 taza de azúcar, leche, sal, vainilla, nuez moscada, y cóctel de frutas escurridas. Mezcle bien para combinar. Dejar de lado.

Agregue la ½ taza restante de azúcar y el sirope reservado a una cacerola pequeña. Lleve la mezcla a ebullición y deje que el azúcar se caramelice. Vierta con cuidado el sirope caliente en un molde para hornear de vidrio redondo de 9 pulgadas, volteándolo para cubrir uniformemente el fondo y los lados.

Coloque el molde en una cacerola para hornear más grande. Vierta agua hirviendo en la cacerola a una profundidad de 1 pulgada. Hornee durante 45 a 50 minutos o hasta que el centro esté cocido.

Retire el molde de la cacerola más grande a una rejilla de alambre; enfriar durante 1 hora. Cubra y refrigere por lo menos 8 horas.

Para desmoldar, pase un cuchillo por los bordes e inviértalo sobre un plato de servir grande con borde. Cortar en gajos o con una cuchara en platos de postre; vierta la salsa sobre cada porción.

PIE DE LIMÓN CON MERENGUE

CORTEZA

1 taza de harina para todo uso

½ cucharadita de sal

1/3 taza de manteca vegetal

3 a 4 cucharadas de agua helada

RELLENO

1/3 taza de harina para todo uso

1/3 taza de maicena

1 ½ tazas de azúcar granulada

1 ½ tazas de agua

3 yemas de huevo grandes

½ taza de jugo de limón fresco

1 cucharada de ralladura de limón

3 cucharadas de mantequilla

MERENGUE

3 claras de huevo grandes, temperatura ambiente

¼ de cucharadita de crema tártara

6 cucharadas de azúcar granulada

½ cucharadita de extracto de vainilla

Coloque harina y sal en el recipiente de un procesador de alimentos equipado con una cuchilla de acero y pulse varias veces para mezclar. Agregue la manteca. Pulse de 8 a 12 veces, hasta que la mezcla tenga el tamaño de guisantes. Con la máquina en funcionamiento, vierta el agua helada por el tubo de alimentación y presione la máquina hasta que la masa comience a formar una bola. Vierta la mezcla sobre una tabla enharinada y forme una bola. Cubra en una envoltura de plástico y refrigere por 30 minutos.

Caliente el horno a 450° F.

Estirar la masa sobre una superficie ligeramente enharinada a un plato redondo de vidrio de 2 pulgadas más grande que un molde de vidrio para pastel de 9 pulgadas invertido. Doble la masa por la mitad y transfiérala al molde. Desdoble la masa y colóquela en el molde, presionando firmemente contra el fondo y los lados. Recorte el borde sobresaliente de la masa dejando 1 pulgada extra del borde del molde. Doble el exceso de masa por debajo y rize como desee. Pinche bien el fondo y los lados de la masa con un tenedor. Hornee de 13 a 15 minutos o hasta que estén ligeramente dorados; enfriar en una rejilla.

Reduzca la temperatura del horno a 350° F.

Prepare el relleno. Batir las yemas de huevo en un tazón pequeño. En una cacerola mediana, mezcle azúcar y maicena; revuelva gradualmente el agua. Cocine a fuego medio, revolviendo constantemente, hasta que la mezcla espese y hierva, revolviendo por 1 minuto. Inmediatamente mezcle con un batidor al menos la mitad de la mezcla caliente en las yemas de huevo; revuélvalo a la mezcla caliente en la cacerola. Vuelva a hervir y revolver constantemente durante 2 minutos; retírelo del calor. Agregue mantequilla, ralladura de limón, y jugo de limón con un batidor. Tapar y mantener caliente y preparar el merengue.

En un tazón mediano, bata las claras de huevo y crema tártara con una batidora eléctrica a alta velocidad hasta que quede espumoso. Agregue azúcar, 1 cucharada a la vez, raspando ocasionalmente el costado del tazón. Continúe batiendo hasta que se formen picos rígidos y brillantes y el azúcar se disuelva por completo. Batir el extracto de vainilla. Vierta el relleno caliente en la base del molde. Inmediatamente, extienda el merengue sobre el relleno caliente para cubrir la parte superior por completo, esparciendo hasta el borde de la corteza para sellar el relleno y evitar que se encoja.

Hornee de 20 a 25 minutos o hasta que el merengue esté ligeramente dorado. Enfriar en una rejilla para enfriar 1 hora. Refrigere unas 4 horas o hasta que cuaje el relleno. Guárdelo cubierto sin apretar en el refrigerador.

FLAN CASERO DE VAINILLA

1 taza de azúcar granulada

10 huevos grandes

3 latas de 12 onzas de leche evaporada

2 latas de 14 onzas de leche condensada azucarada

2 cucharaditas de extracto de vainilla

Precaliente el horno a 350° F.

Vierta el azúcar en una cacerola pequeña a fuego medio. Cocine lentamente el azúcar, revolviendo cuidadosamente la cacerola de vez en cuando hasta que se caramelice uniformemente. Vierta el caramelo en un molde de vidrio para hornear de 13 x 9 pulgadas. Mueva rápidamente el molde para distribuir uniformemente el caramelo. Dejar a un lado.

En un tazón grande, mezcle ligeramente huevos, leche, y vainilla, incorporando la menor cantidad de aire posible para evitar burbujas. Vierta la mezcla sobre el caramelo preparado.

Coloque el molde dentro de una asadera más grande. Vierta con cuidado de 4 a 6 tazas de agua bien caliente en la asadera, creando un baño de agua. Hornee durante 25 a 30 minutos, o hasta que el flan apenas se cuaje en el medio.

Deje enfriar completamente y refrigere por un mínimo de 4 horas antes de servir.

FLAN DE COCO

1 lata de 14 onzas de leche de coco

4 huevos grandes

2 yemas de huevo grandes

2 ¾ tazas de azúcar granulada, cantidad dividida

1 taza de agua

1 cucharadita de extracto de vainilla

En una cacerola grande y pesada, cocine y revuelva ¾ de taza de azúcar a fuego lento hasta que el azúcar se derrita y se dore. Vierta el caramelo en un molde para pastel de vidrio de 9 pulgadas o en 6 moldes para flan individuales, girando rápidamente el molde o los moldes para cubrir el fondo con caramelo.

Combine leche de coco, huevos, yemas de huevo, 2 tazas de azúcar, agua, y extracto de vainilla en un tazón hasta que estén bien mezclados. Vierta la mezcla sobre el caramelo.

Coloque la cacerola en una bandeja para hornear más grande. Vierta agua hirviendo en la bandeja más grande a una profundidad de 1 pulgada. Hornee a 350° F durante 40 a 45 minutos o hasta que el centro esté cocido.

Retire la cacerola de la bandeja grande a una rejilla de alambre; enfriar durante 1 hora. Cubra y refrigere por lo menos 8 horas.

Para desmoldar, pase un cuchillo por los bordes e inviértalo sobre un plato de servir grande con borde. Cortar en gajos o con una cuchara en platos de postre; cucharear la salsa de caramelo sobre cada porción.

PUDÍN DE PAN

3 tazas de baguette en cubitos, sin corteza y cortados en trozos de 1 pulgada

2 huevos grandes, ligeramente batidos

12 onzas de leche evaporada

14 onzas de leche condensada azucarada

2 cucharadas de extracto de vainilla

2 cucharadas de mantequilla derretida

1 cucharadita de canela molida

1/8 de cucharadita de nuez moscada molida

Lata de 15 onzas de cóctel de frutas, escurrido y líquido reservado

½ taza de pasas oscuras

1 taza de azúcar granulada

Precaliente el horno a 350° F. Cepille el interior de una cacerola con mantequilla.

Mezcle huevos, leche evaporada, leche condensada, vainilla, canela, nuez moscada, y mantequilla derretida en una jarra. Coloque los cubitos de pan en un tazón grande para mezclar. Vierta la mezcla de leche sobre el pan y revuelva para combinar. Deje el pan en remojo durante 15 minutos. Agregue el cóctel de frutas y pasas. Vierta la mezcla en un molde para hornear y hornee durante 1 hora, o hasta que el centro esté firme. Cubra con papel de aluminio, si es necesario, para evitar que se dore demasiado.

Mientras se hornea el pudín, combine el jugo reservado del cóctel de frutas con 1 taza de azúcar en una cacerola mediana. Lleve a ebullición, reduzca el fuego y cocine a fuego lento durante 10 minutos hasta que espese.

Retire el pudín del horno y enfríe durante 15 minutos. Rocíe la salsa sobre la parte superior del pudín y sirva caliente.

RECETA, PÁGINA

Aceite de Achiote, 41
Almejas al Ajillo, 69
Angel Food Cake con Glaseado de Fresas, 109
Arroz con Coco y Pasas, 63
Arroz con Fideos, 64
Arroz con Guandú, 25
Arroz con Pollo Facil, 85
Arroz con Pollo Tradicional, 28
Arroz con Porotos, 65
Arroz con Puerco y Vegetales, 75
Arroz Frito Chino con Camarones, 68
Bocado de la Reina, 35
Bolteado de Piña Facil, 108
Camarones al Ajillo, 67
Canelones Rellenos, 97
Carne Guisada con Vegetales, 83
Caserola de Papas Dulces, 55
Carimañolas, 15
Cazuela de Papas con Jamón, 74
Ceviche de Pescado, 20
Cheesecake de Fresas, 111
Chichita Panameña, 38
Chili con Carne, 82
Chuletas Picantes, 73
Ciruelas Pasas Envueltas en Tocino, 48
Cocadas Panameñas, 102
Cóctel de Frutas Tropicales, 49
Cóctel sin Alcohol de Arándanos, 37
Costillas al Wisky, 78
Empanadas de Carne, 30
Ensalada de Feria, 26
Ensalada de Habichuelas con Cebollas, 56
Ensalada de Mango Verde, 51
Ensalada de Pollo Real, 88
Ensalada de Repollo con Piña, 49
Escabeche de Pescado, 72
Espagueti con Albóndigas a la Italiana, 81
Espagueti con Salsa de Carne Picante, 94
Flan Casero de Vainilla, 119
Flan de Coco, 120
Flan de Cóctel de Frutas, 115
Galletas de Vinagre, 100
Galletas que se Disuelven en la Boca, 103
Hojaldres, 17
Hongos Marinados, 47
Lasagna de Berenjena con Puerco, 77

RECETA, PÁGINA

Lomo Relleno, 79
Macarrones a la Milanesa, 96
Macarrones con Salsa de Queso, 95
Merengues, 101
Natillas de Calabaza, 114
Palitroques de Queso, 48
Papas a la Huancaína, 62
Papas Gratinadas a la Parmesana, 53
Pasta con Pesto, 60
Pastel de Carne, 84
Pastel de Piña, 106
Pastel de Ron Facil, 99
Pastel de Tres Leches, 107
Pastel de Zanahorias, 112
Patacones, 19
Pavo de Navidad, 92
Pernil de Puerco, 76
Pie de Limón con Merengue, 117
Pie de Manzana Tradicional, 113
Pizzitas Caseras, 47
Platanos Dulces y Salados, 54
Platanos en Tentación, 21
Pollo al Rey, 89
Pollo Relleno, 91
Ponche de Fiesta de Playa, 37
Pudín de Pan, 121
Ron Ponche, 39
Ropa Vieja, 86
Salmón al Horno, 70
Salsa Chimichurri, 44
Salsa de Mango, 42
Salsa de Mayonesa Domestica, 44
Salsa Fresca, 42
Salsa Verde, 43
Sancocho Panameño, 27
Sandies de Nueces Pecanas, 104
Sangría, 38
Soufflé de Queso, 58
Soufflé de Zanahorias, 59
Sofrito, 41
Sous, 31
Tamales Panameños, 33
Tortillas Panameñas, 22
Vinagre Balsámico, 43
Yuca Frita, 16

www.ingramcontent.com/pod-product-compliance
Lightning Source LLC
Chambersburg PA
CBHW061404010526
44119CB00010B/253